Margret Howth

Une histoire d'aujourd'hui

Rebecca Harding-Davis

Writat

Cette édition parue en 2024

ISBN : 9789359945675

Publié par
Writat
email : info@writat.com

Contenu

CHAPITRE I.

Laissez-moi vous raconter une histoire de Aujourd'hui , très simple et étroite dans sa portée et son objectif. Pas de l'Aujourd'hui dont seuls ceux qui vivront quand vous et moi serons morts pourront lire la signification dans l'histoire de l'humanité. Nous pouvons supporter la douleur en silence, si nos cœurs sont assez forts, tandis que les nations de la terre se tiennent à distance. Je n'ai aucun mot à dire à ce sujet aujourd'hui. J'écris depuis les limites du champ de bataille et je n'y trouve aucun thème propice à des arguments superficiels ou à des rimes fragiles. L'ombre de la mort est tombée sur nous ; cela glace le ciel. Aucun enfant ne me rit au nez lorsque je passe dans la rue. Les hommes ont oublié d'espérer, oublié de prier ; seulement, dans l'amertume de l'endurance, ils disent « le matin : « Dieu serait-ce égal ! » et le soir : « Dieu voudrait que ce soit le matin ! » » Ni moi ni vous n'avons la vision du prophète pour voir l'âge tel que sa signification est écrit devant Dieu. Ceux qui vivront après notre mort pourront peut-être raconter à leurs enfants comment, à partir d'une angoisse et d'une obscurité telles que le monde en a rarement supporté, le matin durable est né du vrai monde et du véritable homme. Ce n'est pas clair pour nous. Les mains mouillées du sang d'un frère pour la droite, l'esclavage de l'intolérance, le langage éculé des hommes ou la soif de sang des femmes ne nous prophétisent pas le grand demain de contentement et de droit qui tient le monde. Pourtant le Demain est là ; si Dieu vit, il est là. La voix du doux Nazaréen, que nous avons assourdi comme inopportun, inapte à enseigner le mot d'ordre de l'heure, renouvelle la promesse tranquille de sa venue dans des choses simples et humbles. Descendons et cherchons-le. Il n'est pas nécessaire que nous nous vantions faiblement et nous rendions furieux à propos de nos droits que nous considérons, quels qu'ils soient, oubliant à quel point ils sont des ombres brisées de vérités éternelles dans ce calme où Il est assis et nous contrôle de sa main tranquille.

Le patriotisme et la chevalerie sont des puissances dans les vies tranquilles et illimitées à venir, comme ici, je le sais ; mais il y a des vérités moins partielles, des hiérarchies supérieures qui servent l'homme-Dieu, qui ne nous parlent pas avec des baïonnettes et des victoires : la Miséricorde et l'Amour. Ne les négligeons pas complètement, aussi impopulaires soient-ils. Leurs voix sont très humbles, en ce moment : mais pas tout à fait mortes, je pense. Eh bien, la très faible lueur du feu dans l'âtre m'annonce quelque chose de récompense à venir dans l' au- delà : les jours de Noël et une chaleur chaleureuse ; dans ces collines dénudées piétinées par des hommes armés, l'argile jaune est vive de fibres palpitantes , des allusions au grand cœur de la vie et de l'amour qui palpite à l'intérieur ; le soleil oblique me montrerait, dans ces maussades fumées du camp, les murs d'améthyste et de jaspe, remparts extérieurs de la Terre Promise. Ne nous traitez donc pas de traîtres, qui choisissons de rester calmes et silencieux dans la fièvre de l' heure, qui choisissons de chercher dans les choses communes les augures du calme plein d'espoir et utile à venir, trouvant même dans ces pauvres pois de senteur, poussant leurs vrilles à travers la moisissure brune ; une leçon plus profonde et plus saine pour les yeux et l'âme que les vérités en guerre. Ne me traitez pas de traître, si j'ose faiblement insinuer qu'il existe encore d'autres personnages que celui de Patriote dans lesquels un homme peut paraître honorable dans la grande mascarade, et ne pas rougir quand elle est terminée ; ou si je vous raconte une histoire d'aujourd'hui, dans laquelle il n'y aura pas d'éclats sanglants, mais seulement ces lumières plus simples et plus subtiles que nous avons négligées. Si cela vous prouve que le soleil des temps anciens brille encore et que le Dieu des temps anciens vit toujours, n'est-ce pas suffisant ?

Mon histoire est très grossière et simple, comme je l'ai dit, — seulement une esquisse d'un ou deux de ces gens que vous voyez tous les jours et que vous appelez parfois « la lie », — un morceau de prose simple et ennuyeux, comme celui de vous. Vous pourriez choisir vous-même dans l'un de ces entrepôts ou ruelles. J'espère que vous la qualifierez de fade et plébéienne, car je connais les aperçus de la vie qu'il vous plaît le plus de trouver ; des idylles délicatement teintées ; des cœurs passionnés, mis à nu pour les yeux curieux ; des paroles prophétiques, concrètes et claires ; ou quelques mots pathétiques ou amusants de la part de vieux amis qui se sont installés chez tout le monde. En fait, vous voulez que quelque chose vous sorte de cette banalité encombrée et tachée de tabac, qui vous allume, vous irrite et brille. Je veux que vous creusiez dans ce lieu commun, cette vulgaire vie américaine, et que vous voyiez ce qu'il y a dedans. Parfois, je pense que cela a une signification nouvelle et terrible que nous ne voyons pas.

Vos oreilles sont désormais les plus ouvertes à la trompette de guerre. Ha! c'est émouvant ! — cela réveille le vieux sang révolutionnaire ! Votre nature plus virile avait été étouffée par la corvée, le pauvre besoin quotidien de pain et de beurre. Je veux que vous vous plongiez dans cette corvée quotidienne et que vous considériez s'il ne pourrait pas y avoir aussi une grande guerre. Ce n'est pas une guerre de servitude ; ce n'est pas tout à fait ignoble, même si sa seule fin peut sembler être votre nourriture quotidienne. Une grande guerre, je pense, avec une histoire aussi vieille que le monde, et non sans pathos. Il a ses tués. Des hommes et des femmes, aux mâchoires maigres, estropiés dans la bataille lente et silencieuse, sont dans vos allées, assis à vos côtés à votre table ; ses martyrs dorment sous chaque flanc de colline verdoyante.

Il faut y combattre ; l'argent ne vous procurera aucune libération de cette guerre. Il y a place, croyez-moi, que votre poste soit sur le banc d'un juge ou au-dessus d'un lavoir, pour l'héroïsme, pour l' honneur chevaleresque , pour un triomphe plus pur que celui de celui qui tombe le premier dans la brèche. Votre ennemi, le Soi, vous accompagne du berceau au cercueil ; c'est un corps à corps tout triste et lent, mené dans la solitude, un combat qui commence dès le premier battement de cœur, et dont la victoire ne viendra que lorsque les gouttes suinteront et s'arrêteront brusquement dans les veines. — une victoire, si vous pouvez la remporter, qui vous entraînera un peu plus loin sur les côtes de l'étendue plus large et plus forte de l'être, au-delà de la mort.

Permettez-moi de vous décrire grossièrement une ou deux vies que j'ai connues, et comment elles ont vaincu ou été vaincues dans le combat. Des vies très communes, je le sais, comme celles qui pullulent là-bas sur la place du marché ; pourtant j'ose les appeler voix de Dieu, toutes !

La raison pour laquelle j'ai choisi de vous raconter cette histoire est assez simple.

Un vieux livre que j'ai trouvé aujourd'hui me l'a rappelé. C'était un grand livre relié en fer, avec le nom de l'entreprise à l' extérieur, Knowles & Co. Vous avez peut-être entendu parler de cette entreprise : c'étaient de grands fabricants de laine qui approvisionnaient le marché intérieur de l'Indiana pendant plusieurs années. Ce registre, comme vous le voyez par l'écriture, a été tenu par une femme. Cela n'est pas inhabituel dans les villes commerçantes occidentales, en particulier dans les usines où les ouvriers sont principalement des femmes. Dans de tels établissements, ils peuvent remplir avec succès tous les postes, sauf celui de surveillant : ils sont trop durs avec les mains pour cela.

L'écriture ici est curieuse : concise, carrée, peu fluide, mais très lisible, parfaitement adaptée à son objectif. Les personnes qui prétendent lire les caractères en chirographie ne déchiffreraient que peu de choses de ces lignes étroites et calmes. Seulement ceci, probablement : que la femme, quelle qu'elle soit, n'avait pas la fantaisie habituelle de son sexe pour dramatiser son âme dans ses écrits, ses vêtements, son visage, — la gardait plutôt enfermée, intacte ; que ses mots et son regard, comme son écriture, étaient très probablement simples, de simples absorbants par lesquels elle attirait à elle ce dont elle avait besoin du monde extérieur, sans afficher d'aide pour se jeter, ni la tragédie ou la comédie qui se trouvait à l'intérieur, devant des passants insouciants. -par. La première page porte la date, en lettres rouges, du 2 octobre 1860, écrite en grande partie et clairement. Je suis sûr que la main de la femme trembla un peu lorsqu'elle prit la plume ; mais il n'y en a aucun signe ici ; car c'était pour elle une aventure nouvelle et désespérée, et elle était jeune, sans confiance en elle-même. Elle n'avait pas du tout l'air désespérée : c'était une fille calme et brune, grossièrement vêtue de marron.

Il n'y avait pas beaucoup de lumière dans le bureau où elle était assise ; car l'usine était située dans une des rues voisines de la ville, et le bureau qu'on lui donnait n'était qu'un petit placard carré au septième étage. Elle n'avait qu'une seule fenêtre qui donnait sur une cour arrière remplie de cuves de teinture. La lumière du soleil, qui parvenait à pénétrer obliquement à travers les carreaux poussiéreux et les toiles d'araignées de la fenêtre, avait une odeur endormie de cuivre latente. Vous l'avez senti en remuant. Le directeur, Pike, qui l'avait élevée, avait déposé pour elle les livres de comptes et ce grand livre ouvert sur le bureau. Dès qu'il fut parti, elle ferma la porte, écoutant jusqu'à ce que ses lourdes bottes aient craqué sur l'échelle branlante menant aux charpentes. Puis elle grimpa sur le haut tabouret du bureau (elle grimpa, dis-je, car elle était une petite chose agile) et se mit au travail, ouvrant les livres et copiant de l'un à l'autre avec autant de régularité et de monotone que si elle l'avait fait. y a été habituée toute sa vie. Voici les premières pages : voyez comme les angles sont nets des lignes bleues et noires, comme même les longues colonnes : on ne croirait pas qu'à mesure que la plume d'acier les traçait, elle semblait aligner sa vie, étroite. et noir. Si une telle imagination morbide existait dans la tête de la jeune fille, aucune larme ne la trahissait. Les chiffres sordides et durs semblaient à ses yeux les types des années à venir, mais elle les écrivit sans broncher : peut-être que la vie n'avait rien de mieux pour elle, alors elle s'en fichait. Elle finit bientôt : on ne lui avait donné qu'une heure ou deux de travail pour le premier jour. Elle ferma les livres, essuya les stylos d'une manière étrange et mécanique, puis descendit et examina sa nouvelle maison.

Cela fut vite compris. Il y avait les murs avec leur plâtre brisé, montrant les lattes en dessous, avec çà et là, par-dessus, des croquis au charbon brûlé, montrant que son prédécesseur avait été un artiste à sa manière, — son nom, P. Teagarden, était inscrit sur le mur. plafond avec la fumée d'une bougie ; des tas d'écheveaux de laine dans les coins poussiéreux ; un balai à moitié utilisé ; d'autres tas de laine sur le vieux bureau renversé et couvert de poussière ; une boîte à raisins secs, avec P. Teagarden sur le couvercle en bas-relief, à moitié plein de bouts de cigares, un jeu de cartes et une pomme pourrie. C'était tout, sauf une impression impalpable de poussière et d'épuisement qui envahissait l'ensemble. Une autre chose, assez étrange ici : une cage grillagée, accrochée au mur, et à l'intérieur un misérable poulet qui picorait, la scrutant tristement avec des yeux méfiants, puis le morceau de pain moisi sur le sol de sa cage, – laissé là, je suppose, par le défunt Teagarden. C'était tout, à l'intérieur. Elle regarda par la fenêtre. À l'intérieur, comme dans un cadre carré noir, se trouvaient le mur de briques mortes et le toit opposé, avec un chat assis sur l'auvent. En nous rapprochant, deux ou trois pieds de ciel sont apparus. On aurait dit que ça sentait le cuivre, et elle recula brusquement.

Elle s'assit, attendant qu'il soit temps de partir ; prenant tranquillement l'image ennuyeuse dans ses yeux lents et peu révélateurs ; une lassitude paresseuse et éculée s'insinuant dans son cerveau ; un sentiment curieux, que toute sa vie auparavant n'avait été qu'un rêve idiot, et que cette poussière, ces bureaux et ces registres étaient réels, — tout cela était réel. C'était son anniversaire; elle avait vingt ans. Alors qu'elle s'en souvenait, une autre idée lui apparut, étrangement réaliste : le vieux siège qu'elle avait fabriqué sous les groseilliers à la maison quand elle était enfant, et les projets qu'elle avait faits pour elle-même, quand elle devrait être une femme assise là, comment elle creuserait au milieu du monde et trouverait le royaume des griffons, ou poursuivrait Mercy et Christiana dans leur pèlerinage. Cela faisait seulement peu de temps que ces choses lui étaient plus vivantes que toute autre chose au monde. Le siège était encore sous les groseilliers. Il y a très peu de temps ; mais elle était une femme maintenant, et, regardez ici ! Un rayon de soleil accidentel tombait obliquement, tombant à peine sur la poussière, les tas chauds de laine, éveillant une odeur plus forte de cuivre ; le poulet le vit et se mit à gazouiller avec une joie faible et lugubre, plus douloureuse que les larmes. Elle se dirigea vers la cage et y mit son doigt pour qu'il puisse la picorer. Debout là, si la vie vacante à venir se dressait devant elle dans ce dur éclat de soleil, elle la regardait avec les mêmes yeux immobiles et attendants qui ne disaient rien.

La porte s'ouvrit enfin et un homme entra , le Dr Knowles, le principal propriétaire de l'usine. Il lui fit brièvement un signe de tête et, se dirigeant vers le bureau, retourna les livres, scrutant son travail avec méfiance. Un vieil homme, envahi par la végétation, ressemblant à une énorme masse de chair difforme, se tenait droit, face à elle.

"Vous pouvez y aller maintenant", dit-il d'un ton bourru. "Demain, tu devras attendre que la cloche sonne et partir... avec le reste des mains."

Un sourire curieux passa sur son visage comme une ombre ; mais elle n'a rien dit. Il attendit un moment.

"Donc!" grogna-t-il, "le sang Howth ne rougit pas de descendre dans la bave du caniveau ? se suffit-il à lui-même ?"

Un mouvement calme et attentif , c'était tout. Puis elle se baissa pour attacher ses sandales. Le vieil homme la regardait, irrité. Elle avait été habituée à l'examen minutieux de ses yeux depuis qu'elle était bébé, donc elle était toujours froide en dessous. Le visage qui l'observait était celui qui rebutait la plupart des hommes : dominant, agité, rougissant dans des bouffées rouges de passion, un petit œil intolérant, à moitié caché dans des plis de graisse jaune, - l'œil d'un homme qui donnerait à son maître (que ce soit Dieu ou Satan) la dernière goutte de son propre sang, et exactement la même chose pour les autres hommes.

Elle avait noué son bonnet et attaché son châle, et se tenait prête à partir.

"C'est tout ce que tu veux ?" il a ordonné. " Attendez-vous de savoir que votre travail est bien fait ? Les femmes vivent leur vie comme les bébés apprennent à marcher, une bouchée de bouillie à chaque pas, seulement elles la prennent en guise de louange ou d'amour. La bouillie est meilleure. Que voulez-vous ? Louange , j'imagine."

"Ni l'un ni l'autre", dit-elle en brossant doucement son châle. "Le travail est bien fait, je sais."

L'œil du vieillard brillait un instant, satisfait ; puis il se tourna vers les livres. Il crut qu'elle était partie mais, entendant un léger déclic, il se retourna. Elle sortait le poulet de la cage.

"Laisse tomber!" » éclata-t-il brusquement. "Où vas-tu avec ça?"

"À la maison", dit-elle avec un visage étrange et interrogateur. "Laissez-le sentir les champs verts, Docteur. Les grands livres et les copperas ne sont pas une bonne nourriture pour l'âme, ni pour le corps d'un poulet."

"Laisse tomber!" grogna-t-il. " Vous le prenez pour un type de vous-même, hein ? Il a un autre travail à faire que de grossir et de dormir dans la basse-cour. "

Elle a ouvert la cage.

"Je pense que je vais le prendre."

"Non," dit-il doucement. "Il a un maître ici. Pas P. Teagarden. Pourquoi, Margret," poussant son doigt trapu entre les barres d'étain "pensez-vous que le Dieu en lequel vous croyez l'aurait envoyé ici sans travail à faire?"

Elle leva les yeux ; il y avait un curieux tremblement dans son visage flasque, une ombre dans sa voix rauque.

"S'il meurt ici, sa vie ne sera pas perdue. Rien n'est perdu. Laissons-le tranquille."

"Pas perdu?" dit-elle lentement en refermant la cage. "Seulement je pense"——

"Quoi, mon enfant ?"

Elle lui jeta un regard furtif.

"C'est un monde difficile et difficile où une telle chose a du travail à faire!"

Il n'a garanti aucune réponse. Elle attendit de voir ses lèvres se courber amèrement, puis, amusée, descendit les escaliers. Elle l'avait payé pour son mépris.

Les marches n'étaient qu'une longue échelle encastrée dans le mur, et non le grand escalier utilisé par les ouvriers : c'était de l'autre côté de l'usine. Il s'agissait d'un bâtiment immense et encombrant, semblable à celui des banlieues des villes commerçantes. Celui-ci faisait le tour des quatre côtés d'un carré, avec au milieu la cour des cuves. Les échelles et les passages qu'elle empruntait étaient à l'intérieur, étroits et faiblement éclairés : elle devait parfois tâtonner. Les sols tremblaient constamment sous le bruit incessant des grands métiers à tisser qui remplissaient chaque étage, comme un tonnerre lourd et monotone. Cela l'assourdit, lui donna le vertige, tandis qu'elle descendait lentement. Ce n'était pas une courte marche pour atteindre le hall inférieur, mais elle y était enfin. Des portes s'ouvraient sur les entrepôts du rez-de-chaussée ; En jetant un coup d'œil à l'intérieur, elle aperçut de vastes recoins crasseux remplis de cartons entassés jusqu'aux plafonds sombres. Il y avait une foule de porteurs et de dessinateurs faisant claquer leurs fouets et se prélassant sur les camions près de la porte, attendant des chargements, parlant de politique et fumant. L'odeur du tabac, du cuivre et du bois de bûche brûlant était ici lourde, voire moite. Elle s'arrêta, incertaine. Un des porteurs, un homme petit et maladif, qui se tenait à l'écart des autres, lui poussa une porte avec son bâton. Margret avait une mémoire rapide pour les visages ; elle crut avoir déjà vu celui-là en passant , un visage sombre, maussade, aux lèvres lourdes, les cheveux coupés à la façon des forçats, près de la tête. Pensa-t-elle aussi, l'un des hommes marmonna « oiseau de prison », se moquant de son audace. "Chargez pour Clinton ! Western Railroad !" » chantait derrière elle une voix aiguë, et, alors qu'elle sortait dans la rue, un train de wagons se précipita dans le hall pour être chargé, et des hommes surgirent de tous les coins, au visage rouge et pâle, gonflés de whisky et lourds… cervelle, irlandaise, hollandaise, noire, avec des âmes à moitié endormies quelque part, et le destin d'une nation à portée de main, des mains, comme elle, accomplissant un travail lent et pénible, car, comme vous l'aurait dit Pike le directeur, " trois dollars par semaine, un bon salaire en ces temps difficiles. Pour rien de plus ? Une autre signification peut être tombée de leurs visages dans l'intuition subtile de cette jeune fille dans le regard de l'instant présent , des buts plus gais et plus lointains, cachés dans le visage le plus sensuel, des scènes de famille les plus intimes, de faibles ambitions d'ascension, un délire de plaisir à venir, le whisky, si rien de mieux : des objectifs dans la vie comme le vôtre à des degrés différents. Il suffit de les rendre identiques… tu as dit quoi ?

Elle avait maintenant atteint la rue , une petite rue, plutôt une sorte de ruelle tortueuse, qui courait entre d'interminables piles d'entrepôts. Elle s'y précipita pour gagner les faubourgs, car elle vivait à la campagne. Ce fut une longue et fastidieuse promenade à travers les faubourgs de la ville, là où se trouvaient les maisons d'habitation , de longues rangées de briques à deux étages tachées de taches de suie. Cela faisait deux ans qu'elle n'était pas venue en ville. Se souvenant de cela et de la raison pour laquelle elle l'avait évité, elle accéléra le pas, son visage devenant plus calme qu'auparavant. On aurait pu l'imaginer comme une esclave portant un masque, craignant de rencontrer son maître. La ville, qui ne lui était pas familière, la frappa nouvellement. Elle voyait mieux l'expression de son visage. C'était une grande ville commerçante, de construction compacte, entourée de collines. Il avait l'air anxieux et harcelé, comme un spéculateur concluant une bonne affaire ; les maisons d'habitation elles-mêmes sentaient le commerce, ayant des boutiques aux étages inférieurs ; à la périphérie, là où se trouvent des chaumières dans d'autres villes, il y avait ici des moulins ; les arbres, qu'un rêveur égaré avait plantés sur les trottoirs plats, étaient tous devenus de abrupts peupliers de Lombardie, sachant que leur meilleure politique était de se tenir à l'écart ; les garçons, jouant aux billes sous eux, jouaient brusquement « pour de bon » ; les vieux chevaux de trait osseux, marchant péniblement à travers la foule poussiéreuse, avaient des yeux spéculatifs, qui mesuraient leur avoine la nuit avec un regard « tu ne me trompes pas ». Même les églises n'avaient pas le repos grave de la vieille maison brune là-bas dans les collines, où les quelques gens des champs – ariens, calvinistes, hommes d'Église – se réunissaient chaque dimanche, et où l'air, le soleil et la charité de Dieu rendaient ce jour saint. Ces églises levaient insolemment leurs visages de pierre dure, enregistrant leurs aumônes annuelles dans les journaux du matin. Bien sûr, les places arrière étaient gratuites pour les pauvres ; mais le pourpre blasonné des fenêtres, la sculpture des arcs, la pureté même du style du prédicateur indiquaient clairement qu'il était plus facile à un chameau de passer par le trou d'une aiguille qu'à un homme en wamus rouge d'entrer dans le trou d'une aiguille. royaume des cieux par cette porte.

La nature elle-même avait tourné le dos à la ville : la rivière s'est détournée, et seule la moitié d'une rivière s'est glissée à contrecœur ; les collines n'étaient que des rives nues d'argile jaune. Il y avait une route cendrée qui les traversait. Margret l'a grimpé lentement. Les collines basses de la ville, comme je l'ai dit, étaient nues, couvertes à leur base de champs de chaume crasseux. Sur les côtés de la route béaient les bouches noires des charbonnières qui creusaient sous les collines, sous la ville. Faites du commerce partout, sur la terre et sous elle. Pas étonnant que la jeune fille ait qualifié cela de monde dur et grattant. Mais quand la route eut traversé ces collines, elle se débarrassa brusquement des cendres et se transforma en la moisissure brune des prairies, tourna le dos au commerce et à la ville enfumée, et la quitta rapidement hors de vue avec mépris, sans jamais se retourner. une fois. C'était désormais le pays pour de bon.

Margret ralentit le pas, respirant longuement l'air frais et froid. Loin derrière elle, haletant et soufflant, venait une silhouette noire et robuste, le Dr Knowles. Elle l'avait vu derrière elle tout le long du chemin, mais ils ne parlaient pas. Il y avait entre les deux cette ressemblance repoussante qui les rendait comme des parents proches, plus proches quand ils se taisaient. Vous connaissez de telles personnes ? Quand on leur parle, les petites pointes acérées s'entrechoquent. Pourtant, ce sont les rares que vous savez sûrement rencontrer dans la vie au-delà de la mort, « sauvés » ou non. Le Docteur avançait lentement le long de la tranquille route de campagne, observant la silhouette de la femme qui avançait tout aussi lentement devant lui. Il avait un curieux intérêt pour la jeune fille, une raison secrète de cet intérêt, qu'il gardait encore obscurement pour lui. C'est pour cette raison qu'il essayait d'imaginer comment sa nouvelle vie lui apparaîtrait. Cela devrait être déjà assez dur, son travail, il était déterminé là-dessus ; sa force et son endurance doivent être testées au maximum. Il devait savoir ce qu'il y avait dans l'arme avant de l'utiliser. Cela faisait des années qu'il lisait cette chose lente et froide, et il n'en avait pas encore découvert le secret. Mais il y avait du pouvoir là-bas, et c'était le pouvoir qu'il voulait. Son histoire était assez simple : elle allait au moulin pour subvenir aux besoins d'un père et d'une mère impuissants ; c'était une histoire commune ; elle avait beaucoup abandonné pour eux ; d'autres femmes faisaient de même. Il ne lui a fait que peu d'éloges. Il y a deux ans (il avait les yeux vifs et attentifs, cet homme), il avait imaginé que la jeune fille simple avait un rêve, comme la plupart des femmes, d'amour et de mariage : elle l'avait mis de côté, pensait-il, pour toujours ; c'était un luxe trop cher ; elle a dû commencer la bataille de toute une vie pour le pain et le beurre. Son rêve était peut-être réel et pur ; car elle n'acceptait aucun amour factice à sa place : si celui-ci avait laissé une faim vide dans son cœur, elle n'avait pas essayé de la combler. Eh bien, c'était la vieille histoire. Pourtant, il la soignait avec bonté en y pensant ; alors que certaines personnes regardent les enfants avec tristesse, remontant à leur propre enfance. Pendant un instant, il abandonna à moitié son objectif, pensant peut-être que le travail de sa vie était déjà assez dur. Mais non : cette femme avait été planifiée et gardée par Dieu pour des usages plus élevés que ceux d'une fille, d'une épouse ou d'une mère. C'était à lui de remettre son travail entre ses mains.

La route rampait maintenant, somnolente, entre de hautes berges, à travers les collines. Une route endormie et tranquille. On n'avait jamais entendu parler de la poussière agitée de la ville. Il errait paresseusement à travers les champs de maïs, au bord de la rivière, jusque dans les profondeurs mêmes des bois, - le faible soleil d'octobre l'inclinait chaudement tout au long du chemin, touchant les berges d'herbe et les champs de maïs de taches de roux. or. Personne ne pourrait être pressé sur une telle route. Le calme était si profond, l'air libre, les arbres lourds, le soleil, tout cela si plein, si sûr et si fixe, qu'on pouvait être sûr de les retrouver pareils dans cent ans. Personne n'a jamais été pressé. Les abeilles brunes arrivaient là, une fois leur travail terminé, et chantonnaient dans les grands chardons violets du bord de la route dans une voluptueuse stupeur de joie. Les vaches déambulaient à travers les trèfles près des clôtures, jusqu'à ce qu'elles finissent par s'y coucher et dormir complètement. Les gens de la campagne, qui couraient jusqu'au moulin, promenaient leurs gros vieux canassons dans le calme et la chaleur si lentement que même Margret les laissait loin derrière. À mesure que la route s'enfonçait dans les collines, le calme devenait encore plus pénétrant et certain, si certain dans ces vieilles et grandes montagnes qu'on l'appelait éternel, et, levant les yeux vers les sommets fixés dans le bleu clair, devenait plus sûr d'un monde. au-delà où il n'y a ni changement ni mort.

Il se faisait tard ; l'air du soir plus immobile et plus frais ; l'or roux du soleil ne marbrait plus que les sommets des collines ; dans les vallées, il y avait un brun plus sombre, qui s'approfondissait à chaque instant. Margret se détourna de la route et descendit les champs. On ne s'étonnait pas, en sentant le silence de ces collines et de ces vastes étendues de prairies, que cette femme, descendant du milieu d'eux, fût étrangement immobile, avec des yeux sombres et interrogateurs muets sur leurs propres secrets.

En regardant son visage maintenant, on pouvait être sûr d'une chose : qu'elle avait quitté la ville, l'usine, la poussière au loin, qu'elle avait chassé cette pensée de son esprit. Aucun kilomètre ne pouvait mesurer la distance entre sa maison et eux. À un endroit de l'autre côté du champ, un vieil homme attendait assis. Elle se dépêcha maintenant, ses joues rougissant . Le Dr Knowles pouvait les voir se diriger vers la maison au-delà, parlant sérieusement. Il s'assit sur le montant dans la pénombre et attendit une demi-heure. Il ne se souciait pas d'entendre l'histoire du premier jour de Margret au moulin, sachant à quel point son père et sa mère se tordraient sous elle, l'adouciraient comme elle le ferait. Ce n'était rien pour elle, il le savait. Alors il a attendu. Au bout d'un moment, il entendit le rire du vieil homme, comme celui d'un enfant content, puis il entra et prit place à côté de lui. Elle sortit, mais revint aussitôt, tout grain de poussière disparu, dans sa robe claire gris perle. La teinte neutre lui allait bien. Alors qu'elle se tenait près de la fenêtre, les écoutant gravement, le visage simple et la silhouette en attente apparurent pleinement en relief. La nature avait créé cette femme avec un élan d'une rare sincérité. Il n'y avait aucune lumière réfléchie autour d'elle ; pas de gloss sur sa peau, pas de paillettes dans ses yeux, pas de vernis sur son âme. Simple, sombre et pure, elle était là, pour que Dieu et son maître la conquièrent et la comprennent. Sa chair était froide et incolore , — elle n'avait aucune teinte en surface, — elle se réchauffait parfois lentement du plus profond de l'intérieur ; sa voix, calme, sort de son cœur ; ses cheveux, la seule beauté de la femme, étaient d'un brun terne , posés en plis non cirés d'ombre sombre. J'ai vu de tels cheveux une fois, une seule fois. Il avait été coupé de la tête d'un homme qui, inconscient, simple comme un enfant, vivait selon les lois de sa nature et défiait le monde , — Bysshe Shelley.

Le Docteur, parlant à son père, observait furtivement la jeune fille, en observait chaque détail, comme on examinerait d'un œil critique une lame de Damas qu'il allait emporter au combat. Il n'y avait ni amour ni mépris dans son regard, — une simple détermination à se servir d'elle un jour . Il parlait cependant, en la regardant de temps en temps, comme si le sujet dont ils discutaient était indirectement lié à son projet pour elle. Si c'était le cas, elle en était inconsciente. Elle s'assit sur la marche en bois du porche, regardant l'étendue mélancolique des prairies et des collines qui devenaient fraîches et plus sombres dans le crépuscule sombre, n'entendant pas ce qu'ils disaient, jusqu'à ce que les tons aigus et sérieux la réveillent.

"Tu vas échouer, Knowles."

C'est son père qui a parlé.

"Rien ne peut sauver un tel projet de l'échec. Ni les socialistes français ni les socialistes allemands n'ont tenté de fonder leur système sur la classe la plus basse, comme vous le concevez."

"Je sais", a déclaré Knowles. "Cela explique leur succès partiel."

"Laissez-moi comprendre votre plan pratiquement", demanda avec empressement son père.

Elle pensait que Knowles avait éludé la question et souhaitait quitter le sujet. Peut-être ne considérait-il pas le pauvre vieux maître d'école comme un juge pratique des questions pratiques. Toute sa vie, il l'avait qualifié d'économe et de pas préparé.

"Ça ne marchera jamais, Knowles," continua-t-il lentement. "Tout plan, phalanstère ou communauté, appelez-le comme bon vous semble, fondé sur l'autonomie gouvernementale , est basé sur une imposture, la plus farfelue des impostures."

Le vieux maître d'école secoua la tête en homme qui sait et essaya d'écarter à tâtons les fins cheveux gris de ses yeux. Margret les souleva, si doucement qu'il ne la sentit pas.

"La prochaine fois, vous traiterez la République d'imposture !" » dit le Docteur froidement et agaçant.

"La république!" Le vieil homme accéléra le ton, comme un cheval de guerre flairant la bataille à portée de main. "Il n'y a jamais eu d'œuf du diable à la croûte plus fine que la démocratie. Je pense vous l'avoir déjà dit ?"

"Je pense que oui", dit sèchement l'autre.

"Vous avez toujours été conservateur, M. Howth", dit sa femme, de sa manière placide et crémeuse. "C'est dans le sang, je pense, Docteur. Les Howth ont combattu sous Cornwallis, vous savez."

Le maître d'école attendit que sa femme ait fini.

"Très vrai, Mme Howth", dit-il avec un sourire grave. Puis son visage maigre redevint brûlant.

"Non, Dr Knowles. Votre plan n'est qu'un signe de l'époque folle dans laquelle nous vivons. Depuis le XIIIe siècle, lorsque l'élément anarchique est apparu pleinement dans l'histoire de l'humanité, cette histoire a été le chaos. Et cette république est le point culminant du chaos.

"Du chaos est née la Terre nouveau-née", suggéra le Docteur.

"Mais ses fondations étaient en granit", répondit le vieil homme avec un empressement nerveux, "du granit, pas de la vase d'hier. Quand vous avez fondé des empires, travaillez comme Dieu a travaillé."

Le Docteur ne répondit pas ; Au lieu de cela, il regardait l'obscurité avec indifférence, comme si les hérésies que le vieil homme lui lançait étaient une vieille chanson usée . Mais voyant que l'enthousiasme du maître d'école semblait sur le point de s'éteindre, il se réveilla pour l'incorporer à la vie.

"Eh bien, M. Howth, qu'aurez-vous ? Si les droits bafoués de l'âme humaine sont la vase d'hier, comment allons-nous fonder notre empire pour qu'il dure ? Sur le despotisme ? Civil ou théocratique ?"

« Tout despotisme vaut mieux que celui des serfs nouvellement affranchis », répondit le maître d'école.

Le Docteur rit.

"Quel politicien à succès vous auriez fait ? Vous auriez réussi à gagner le cœur des grands sales !"

Mme Howth déposa son tricot.

« Ma chérie, dit-elle timidement, je pense que c'est une trahison.

La chaleur colérique s'éteignit instantanément de son visage, alors qu'il se tournait vers elle, sans la lueur d'un sourire caché face à sa simplicité. C'était une femme; et quand il parlait au Docteur, c'était sur un ton moins aigu.

"Qu'est-ce que déclamaient les garçons, leurs cœurs Yankees palpitant sous leurs avortons ? " Heureuse et fière Amérique ! D'une manière ou d'une autre, de cette façon. « Maudite et avilie Amérique ! mieux s'ils l'avaient dit. Regardez-la, dans la vigueur chaleureuse de sa jeunesse, la plus vigoureuse dans la décadence ! Regardez les germes et les restes des nations, des croyances, des religions, qui fermentent ensemble ! Quant à la théorie de l'autonomie gouvernementale, elle sera se débrouiller ici, comme dans les trois grands archétypes de l'expérience, dans un échec pâle et lamentable ! »

Le Docteur n'entendit pas. Une ombre plus nette semblait le hanter que la chute de la République. Quelle aide cherchait-il chez cette fille ? Ses yeux vifs et profonds ne quittaient jamais son visage inconscient.

"Non", continua M. Howth, ayant le terrain pour lui tout seul, "nous avons laissé l'Ordre là-bas dans les âges que vous appelez sombres, et le Progrès claironnera le monde dans le fossé."

« Comté ! » grogna le Docteur.

La canne du maître d'école faisait un tatouage furieux sur l'âtre.

"Vous vous moquez de Comte ? Parce que, ayant l'oeil le plus clair, l'oeil le plus large jamais donné à l'homme, il n'en avait plus ? C'était pour montrer jusqu'où la chair peut aller seule. Pourrait-il s'en empêcher, si Dieu refusait la vision du prophète ? "

" Je suis sûr, Samuel, " interrompit sa femme avec un sérieux triste, " vos propres yeux étaient aussi forts que ceux d'un homme peuvent l'être. C'est dix ans après que j'ai porté des lunettes que vous avez commencé. Seulement pour cette misérable fièvre, vous pouviez lis le sténographie maintenant."

Ses propres yeux bleus se remplirent de larmes. Il y eut un silence soudain. Margret frissonna, comme si une douleur la piquait. Tenant la main osseuse de son père dans la sienne, elle la tapota sur son genou. La main trembla un peu. Les yeux perçants de Knowles allaient de l'un à l'autre ; puis, avec un grognement étouffé, il se secoua et se précipita tête baissée dans la vieille bataille que lui et le maître d'école se livraient maintenant, de temps en temps, depuis environ six ans. C'était un combat, je peux vous le dire ! Pas de vos confrontations superficielles et polies des théories modernes, pas de discussion sur votre démocratie jeffersonienne, votre fédéralisme de haute race ! Ils ont pris le sujet par les racines, clair au début.

Le souffle de Mme Howth la quitta presque, tant ils entrèrent dans le vif du sujet d'une manière si dangereuse. Et si Joël entendait ? Sans doute dirait-il que son maître était un infidèle, ce serait la prochaine chose qu'ils entendraient. Il était maintenant dans la cuisine : il avait fini de couper du bois il y a une heure. Endormi, sans doute ; c'était un réconfort. Eh bien, s'il était éveillé, il ne pourrait pas comprendre. Cette classe de gens... Et Mme Howth (dans le cerveau bienveillant de qui avait brillé juste assez de croyances de son mari pour lui faire dire : « cette classe de gens », sur le ton avec lequel Abraham n'aurait PAS parlé de Dives au-dessus du golfe).) se remit tranquillement à son tricot, se demandant pourquoi le Dr Knowles venait dix fois maintenant là où il venait autrefois, pour provoquer Samuel dans ces ennuyeuses disputes. Depuis que leur malheur était arrivé, il était là tous les soirs, toujours présent. Elle devrait penser qu'il pourrait être un peu plus prévenant. M. Howth avait sûrement assez de choses à penser, avec son—son malheur, et la famine qui les attendait, et la dégradation de la pauvre Margret, (elle soupira ici), sans se préoccuper du principe théocratique ou de la bataille d' Armageddon. Elle l'avait laissé entendre au Dr Knowles un jour, et il avait marmonné quelque chose à propos de « la vie du chien, Madame ». Elle se demandait ce qu'il voulait dire par là ! Elle regarda sa silhouette baissière, son gilet taché de tabac et sa touffe de cheveux noirs. Eh bien, le pauvre homme, il ne pourrait pas s'en empêcher, s'il était grossier, abolitionniste et fouriérien, et... Elle devenait un peu boueuse maintenant, elle était consciente, alors elle retourna son esprit au repos de son bas. . Margret le prit très doucement, voyant son père enflammé ainsi. Mais Margret n'a jamais eu d'opinion à exprimer. Elle n'était pas comme les Parnell : ils étaient réputés pour leur jugement clair. Mme Howth était une Parnell.

"Le combat s'approfondit, allez, courageux !"

Le visage gras et coriace du Docteur était maintenant tout rouge, et ses phrases étaient lancées avec une basse sarcastique, à flétrir la moelle d'un homme faible. Mais le maître d'école n'était pas un homme faible. Son pied était entièrement sur sa bruyère natale, je vous l'assure. Il connaissait chaque recoin du terrain, depuis la domination de la foi absolue aux âges du fétichisme, jusqu'à sa pseudo-présentation au Xe siècle, et sa véritable subversion au XIXe siècle. Chaque étape. Nos politiciens y ont peut-être trouvé une ou deux idées, je pense ! Et puis il était tellement cool, tellement habile ! Il se frotta les mains avec joie, appréciant le combat. Et il était si sûr que le Docteur était sauvagement sérieux : eh bien, n'importe qui avec une demi-oreille pouvait entendre ça ! Il ne voyait pas comment, dans le feu même de la mêlée, ses yeux s'égareraient avec apathie. Mais M. Howth ne s'est pas égaré ; il n'y avait rien d'insouciant ou de double face dans la création de cet homme, pas de imposture ni d'emprunt. Ils sont descendus peu à peu, ou sont sortis, car, comme je vous l'ai dit, ils ont d'abord pénétré dans le vif du sujet, ils sont sortis progressivement jusqu'aux temps modernes. Les choses commencèrent à prendre un aspect plus familier. Spinoza, Fichte, Saint- Simon, on en entend parler maintenant. Si seulement vous aviez entendu le maître d'école s'occuper de ses ennemis ! Avec quelle tendre charité pour l'homme, quelle vengeance implacable pour la croyance, il s'est jeté sur eux, arrachant l'âme de leurs systèmes, la tenant en place pour un lent massacre ! Quant à l'Humanité (comme Knowles s'attardait sur ce mot, avec une tendresse curieuse dans une masse de chair si grossière !) — quant à l'Humanité, c'était une étude de la voir dépouillé, bafouée et jetée dehors comme un chiffon sale par ce pauvre vieux Howth, un homme trop enfantin pour tuer une araignée. Il était plus agréable de l'entendre lorsqu'il défendait le grand passé dans lequel sa vérité idéale avait été légèrement obscurcie. Comme il a saisi les teintes saillantes de la vie féodale ! Comme la belle nature féminine de l'homme s'est élevée en exultant dans la lueur libre et pittoresque du jour de l'action croisée et héroïque ! Comme il a rassemblé des traits de virilité parfaite chez le conquérant, de simple confiance dans le serf, pour colorer et affaiblir son argument, sans voir qu'il l'affaiblissait ! Comment, lorsqu'il croyait avoir acculé le Docteur, il rougit et riait comme un enfant, puis se retenait tout à coup, de peur de le blesser ! Un rire curieux, cordial, joyeux, qui jaillit de sa voix faible d'une manière qui fait penser à quelque vin vieux et rare. Lorsqu'il se retenait dans l'une de ces lueurs triomphantes, il se tournait vers le Docteur avec une gravité désobligeante, et pendant quelques instants il était presque soumis dans sa réponse. Si sérieux et si usé qu'il paraissait alors, le pauvre vieux visage, dans la pénombre ! Les vêtements noirs qu'il portait étaient si râpés et brillants aux genoux et aux coudes, les chaussures de cuir grossier si bien cirées ! Le Docteur se demanda distraitement qui les avait noircis, jetant un coup d'œil aux doigts de Margret.

Il y avait une fleur coincée dans la boutonnière de l'habit du maître d'école, une rose thé pâle. Si le Dr Knowles avait été un homme doté d'instincts fins (ce que ses yeux brillants et opaques semblent nier), il aurait pu penser que cela n'était pas déplacé ou mal placé, même dans son manteau miteux et éraflé. Un érudit, un gentleman, mais avec des chaussures et des pantalons rapiécés, c'est un monde trop court. Vieux et maigre, même affamé, avec des membres osseux et des articulations lâches et un visage jaune ; accroché, loyal et courageux, aux fantaisies pittoresques et délicates de sa jeunesse, qui étaient poussière et cendres pour les autres hommes. Dans ce visage très hagard , on retrouvait la tranquille pureté de l'enfant qu'il avait été, et le sourire du vieil enfant, frais et crédule, sur la bouche.

Le Docteur n'avait pas parlé depuis un moment. Il se peut qu'il ait négligé les lumières poétiques avec lesquelles M. Howth a tendrement décoré son ancienne foi, ou il se peut que lui-même, avec la terrible intention d'un véritable objectif de vie dans son cerveau, ait été touché par l'image. de la très vieille chevalerie, morte depuis longtemps. La voix du maître devint basse et persistante. C'était un travail d'amour, ça. Oh, il est si facile de sortir du tumulte de la poussière et de la méchanceté et de faire du troc dans l'ombre claire de cette vieille vie où l'amour et le courage sont des vérités éternelles,

— qui ne seront jamais achetées et vendues dans cette ville poussiéreuse là-bas ! Retourner? Pour rêver en retour, plutôt. Extraire de notre propre cœur, comme l'a fait le vieux maître affamé, ce qu'il y a de plus vrai et de plus élevé, et le revêtir de nom et d'action dans les jours sombres de la chevalerie. Faites-en un poème , c'est tellement plus facile que d'en faire une vie !

Knowles traînait les pieds avec inquiétude, observant la jeune fille avec attention, pour savoir à quel point l'image la touchait. Alors, pensa-t-elle, ce grand passé mort était-il si superficiel à ses yeux ? Ces chevaliers purs, sans tache, cherchant jusqu'à la mort le Saint Graal, pouvait-il comprendre l'agonie de toute une vie, le triomphe de leur conflit sur Soi ? Ces femmes, contentes de vivre éternellement seules parce qu'elles avaient aimé autrefois, un homme pouvait-il comprendre cela ? Ou la reine morte, morte pour que l'homme qu'elle aimait soit libre et heureux, — eh bien, c'ÉTAIT la vie, — cette mort ! Mais la douleur, le martyre et la victoire étaient-ils du seul temps de Galahad et d'Arthur ? Le visage simple devint plus calme qu'auparavant, regardant vers l'obscurité de la lande, froid, peu révélateur. Cela a dérouté l'homme qui l'a regardé. Il traînait les pieds, mâchait du tabac avec véhémence, inclinait sa chaise sur deux pieds, éclatait enfin dans un coup de tonnerre.

"Des jours morts pour les morts ! Le monde entend aujourd'hui un clairon plus noble que n'importe lequel de vos troubadours cornemuseurs. Nous avons quelque chose de mieux pour lequel nous battre qu'un tombeau vide."

Le vieillard se redressa avec hauteur.

"Je sais ce que vous diriez : Liberté pour les bas et les vils. C'est un bon mot. C'était un meilleur qu'ils cachaient autrefois dans leur cœur : Honneur !"

Honneur ! Je pense que, aussi calviniste qu'il fût, ce mot était sa religion. Les hommes ont connu pire. Peut-être que le Docteur pensait cela ; car il se leva brusquement, et, s'appuyant sur la chaise du vieillard, dit doucement :

" C'est mieux, même ici. Pourtant vous empoisonnez l'esprit de cette enfant. Vous la faites mépriser Aujourd'hui ; faites vivre l'honneur pour elle maintenant. "

"Ce n'est pas le cas", dit amèrement le maître d'école. " Le monde est un échec. Tous les grands vieux rêves sont morts. Votre propre fantôme, votre République, votre expérience pour prouver que tous les hommes naissent libres et égaux, qu'en est-il aujourd'hui ? "

Knowles leva la tête, regardant le crépuscule brun. Un mot lourd de sens brillait dans ses yeux et tremblait sur ses lèvres ; mais il l'a gardé. Son visage brillait cependant, et l'éclat et la force donnaient à ses énormes traits déformés un grand repos.

"Vous parlez d'Aujourd'hui", continua le vieil homme d'un ton maussade. "J'en ai marre. Voici son type et son histoire", touchant un journal du comté, - "un type juste, avec ses grossièretés, son sectarisme et le poids de faits incompris . Le marché et la vente, - cela entache notre religion, notre cerveaux, nos drapeaux, le vôtre et le mien, Knowles, avec le reste. N'avez-vous jamais entendu parler de ces esprits abjects qui n'entraient ni au paradis ni en enfer, qui n'étaient ni fidèles à Dieu ni rebelles, ne se souciant que d'eux-mêmes ?

Il fit une pause, assez essoufflé. Margret leva les yeux. Knowles resta silencieux. Il y avait une expression de douleur étouffée sur le visage grossier ; les paroles du maître d'école étaient plus profondes qu'il ne le pensait.

"Non, père," dit Margret, mettant fin précipitamment à sa citation, "'io non averei creduto , che [vita] tanta n'avesse mécontent .'"

Margret habile ! Le brouhaha devait être trouble dans le cerveau du vieil homme et la musique grandiose et lente du Florentin ne parvenait pas à calmer. Elle l'avait appris il y a longtemps et l'utilisait comme une infirmière chantait une vieille chanson pour calmer son petit bébé. Son visage s'éclaira instantanément.

« Alors, ne crois pas, mon enfant, » dit-il après une pause. "C'est un noble doute, chez Dante ou chez vous."

Le Docteur s'était détourné ; elle ne pouvait pas voir son visage. Le mépris colérique avait disparu du visage du vieux maître ; il était courbé sur le sol avec son habituel empressement mélancolique. Un instant après, il leva les yeux avec un sourire vacillant.

"' Onorate l' altismo poeta !'" dit-il en portant doucement son doigt à son front d'un air militaire. "Où est ma canne, Margret ? Le Docteur et moi irons nous promener sur le porche avant qu'il ne fasse nuit."

Le soleil s'était couché depuis longtemps et les étoiles étaient sorties ; mais personne n'en a parlé. Knowles alluma la pipe du maître d'école et son propre cigare, puis écarta les chaises, marchant doucement pour que le vieil homme ne l'entende pas. Margret, dans la pièce, les regardait marcher, voyant à quel point cet homme rude et costaud était doux avec son père et comment, chaque fois qu'ils passaient devant le buisson d'épinettes, il courbait les branches pour qu'elles ne touchent pas son visage. . Des larmes lentes et enfantines lui montèrent aux yeux en le voyant ; car le maître d'école était aveugle. C'était leur promenade habituelle tous les soirs, car il faisait trop froid pour qu'ils descendent sous les tilleuls. Le Docteur n'avait pas manqué une seule soirée depuis que son père avait abandonné l'école, il y a un mois : d'abord, sous prétexte de s'occuper de ses yeux ; mais depuis le jour où il leur avait dit qu'il n'y avait aucun espoir de guérison, il n'en avait plus jamais parlé. Seulement, depuis lors, il était devenu doublement querelleur, prêt à discuter avec le vieil homme sur chaque centimètre carré de tout sujet terrestre ou aérien, maintenant le vieil homme dans un état d'excitation enfantine pendant les longues journées d'oisiveté, attendant devant lui. à cette bataille nocturne.

C'était très calme ; car la maison, avec ses demi-douzaine d'acres, était située dans un angle des collines, donnant sur la rivière, qui masquait tous les bruits lointains. Seuls les pas des hommes rompaient le silence, passant et repassant devant la fenêtre. Au dehors, la lumière des étoiles d'octobre s'étendait blanche et glaciale sur les landes, la vieille grange, les collines abruptes et sombres et la rivière à moitié cachée par le verger. On l'entendait parfois, comme un énorme géant gémir dans son sommeil, et on voyait de larges taches bleu acier scintiller à travers les pommiers épais et les buissons. Sa mère était tombée dans un état de somnolence. Margret la regarda, pensant à quel point son visage blond et dodu était devenu jaunâtre et à quel point les yeux bleus et gentils étaient maintenant fanés. Faible à force de pleurer, elle le savait, même si elle ne l'avait jamais vue verser une larme. Toujours joyeuse, se promenant tranquillement dans la maison dans sa robe grise et sa casquette quaker, comme si les dettes et la cécité n'existaient pas au monde. Mais Margret le savait, même si elle ne disait rien. Quand sa mère revenait de ces merveilleuses expéditions de cueillette, à la recherche de pois ou de maïs tardifs, elle voyait le cercle gonflé autour de ses yeux et entendait sa respiration comme celle d'un enfant qui a sangloté de fatigue. Puis, une nuit, alors qu'elle était entrée dans la chambre de sa mère, après s'être couchée, ses yeux bleus étaient fixés d'une manière sauvage et désespérée, comme s'ils regardaient des années de famine et de misère. Le feu dans l'âtre était faible et clair ; les vieux meubles usés se distinguaient gaiement dans la lueur rouge et jetaient sur le sol un labyrinthe d'ombres tordues. Mais la lueur était tout ce qui était joyeux. Demain, quand la dure lumière du jour chasserait les ombres qui nous masquaient, elle dévoilerait une maison désolée et délabrée. Elle savait; frappé de la lèpre blanche de la pauvreté ; les murs vierges, les tentures décolorées, la vieille maison en pierre elle-même, regardant vaguement les champs avec une pitoyable signification de perte. Sur la tablette de la cheminée se trouvait une petite figure de marbre, l'une des Grâces dansantes : les deux autres avaient disparu, en gage. Celle-ci resta, faisant tournoyer son pied et étendant ses mains dans une sorte d'extase morne, sans personne pour répondre. Pendant un instant, sa maison et sa vie lui parurent si vides et si amères, qu'elle crut que la danseuse solitaire, avec sa joie affichée, se moquait d'elle, les narguait avec la lente et grise désolation qui les envahissait depuis des années. Seulement un instant, cette fantaisie morbide la blessa.

La lueur rouge était plus saine et convenait mieux à son tempérament. Elle a choisi d'imaginer la maison telle qu'elle avait été autrefois, — elle devrait être à nouveau, s'il plaît à Dieu. Elle choisit de voir l'ancien confort et la vieille beauté que le pauvre maître d'école avait rassemblés autour de leur maison. Parti maintenant. Mais ça devrait revenir. C'était peut-être une bonne chose qu'il soit aveugle, il savait si peu de choses de ce qui leur était arrivé. Là, là où se trouvaient les marques noires sur le mur, étaient accrochées deux tableaux. Margret et son père croyaient religieusement qu'ils étaient un Tintoret et un Copley. Eh bien, ils étaient partis maintenant. Il avait l'habitude de les épousseter lui-même chaque matin avec une brosse légère, mais maintenant il disait toujours :

"Tu peux nettoyer les tableaux aujourd'hui, Margret. Fais attention, mon enfant."

Et Margret se souviendrait de l'Irlandais graisseux qui les avait mis sous son bras et les avait jetés dans un chariot, son sang devenant plus chaud dans ses veines.

C'était pareil dans toute la maison ; il n'y avait pas une niche dans les pièces nues qui ne rappelle quelque chose de parti, quelque chose qui devrait revenir. C'est ce qu'elle a voulu, ce soir-là, debout près du feu tamisé. Ce que font les femmes dont les yeux sont lents et attentifs, comme celui de cette Margret, arrive généralement.

La lueur rouge du feu lui convenait ; une autre lueur, réchauffant son imagination flottante, s'y mêlait, donnant à son objectif quotidien le trait de l'héroïsme. Le vieil esprit de la chevalerie morte, du secours aux faibles et au renoncement de toute une vie , avait-il besoin du désert de sable de la Palestine ou d'un tournoi pour lui redonner vie ? Dans cette ville commerçante, au milieu de ses moulins et de ses charrettes, il pourrait vivre, pensa-t-elle. Cette nuit-là peut-être, dans certaines de ces caves fétides ou de ces cabanes englouties, des veillées avaient lieu avec un but aussi désintéressé, une prière aussi ordonnée par le ciel que celle des vieux aspirants à la chevalerie. Elle aussi, son visage tranquille était animé d'un sourire simple et enfantin, comme celui de son père.

"Eh bien, maman !" dit-elle en caressant les cheveux gris sous la casquette, tu dormiras ici toute la nuit ? en riant.

Un rire joyeux et tendre, celui de cette femme était, rarement entendu, non loin des larmes.

Mme Howth se réveilla. À ce moment-là, un homme large et haut d'épaules, vêtu d'une chemise de flanelle grise et de chaussures évoquant l'écurie, apparut à la porte. Margret le regardait comme s'il était un esprit accusateur, descendant, comme une femme doit le faire, des hauteurs du renoncement à soi ou de la détermination audacieuse, vers un bas non repris ou un repas cru.

" Kittle's b'ilin '", annonça-t-il, lançant l'information comme une gratification générale.

"Cela fera l'affaire, Joel", a déclaré Mme Howth.

Le ton de fadeur majestueuse que Mme Howth a érigé comme un bouclier entre elle et « cette classe de personnes » était une étude : un succès ; le résumé de son expérience du combat qui avait dévoré la moitié de sa vie, comme celle d'autres femmes de ménage américaines. "Soyez douce, mais faites-leur savoir leur place, ma chère!" La classe ayant son type et son représentant en Joël, s'arrêta à la porte et releva ses bretelles.

"Ça ira, Joel," avec une suavité sévère.

Une idée était dans la tête de Joël sous la brosse des cheveux roux, probablement « l'élément anarchique ».

"Euh, j'aurais aimé lire la G'zette . " Sur quoi il s'avança dans les dents de l'ennemi et emporta le journal, passant devant Margret, tandis qu'elle se rendait à la cuisine, et s'asseyant à côté d'une bougie de suif allumée sur la table.

La lecture, avec Joël, n'était pas le passe-temps oiseux que trouvent les esprits les plus triviaux ; une chose, au contraire, qu'il faut aborder avec une orthographe lente et un visage crispé dans une sévérité sauvage, surtout maintenant, alors que, comme il l'expliqua gravement à Margret, "à son avis, la crise était une plaisanterie à portée de main, et chaque l' homme doit voir si le gouvernement mettait en pratique les vues du peuple.

Dans ce but, Joël, en compagnie de cinq mille autres souverains, consulta, comme oracle définitif, "The Daily Gazette" de Towbridge . Le maître d'école n'avait pas besoin de se plaindre du bon vieux temps : la féodalité à l'époque de Warwick et du Daily Gazette n'était pas si différente que lui et Joel le pensaient.

De temps en temps, en partie pour échapper à sa conviction exagérée, en partie par compassion pour l'ignorance des femmes en matière d'économie politique, il lançait à Margret divers commentaires sur le texte, tandis qu'elle passait et sortait.

Si elle s'était élevée à la hauteur des opinions de Joël, elle aurait pu considérer ces opinions teintées de radicalisme, car elles consistaient en l'opportunité d'une « atteinte immédiate au Président ». En outre (Joël était aussi un homme bon enfant, miséricordieux envers sa bête), à la manière de Néron, il souhaitait, avec la goutte de sang de tigre qui se cache dans le cœur de chacun, que les quelques millions qui étaient en désaccord avec lui et avec les " Gazette" n'avait qu'un seul cou pour leur suspension plus pratique. "C'est tout ce qui sauvera le Kentry ", dit-il, et il le croyait aussi.

Si Margret est tombée subitement du sommet de sa vision de la vie au travail domestique de préparer le dîner, une partie de l'élan héroïque et sain des jours chevaleresques et du feu du foyer s'est éteint avec elle, je pense. Il égayait et rougissait la cuisine carrée avec son poêle fissuré et son maigre assortiment de boîtes de conserve ; elle s'affairait à sa manière pittoresque, comme si elle avait été remplie et remplie de confort. Son visage s'éclaira et rougit lorsqu'elle entra pour mettre le dernier plat sur la table, une table douillette et douillette, dressée pour quatre. Les rêves héroïques des poètes, je suppose, les rendent impropres à une nourriture autre qu'un festin comme celui qu'Ève a préparé pour l'ange. Mais Margret n'était pas une poète. Ainsi, avec l'allumage de son espérance, sa lumière salutaire a frappé, et a réchauffé et glorifié ces choses communes. Des choses si communes ! Seulement un tissu blanc grossier, racheté ni par l'argent ni par la porcelaine , le café ambré (quelques-uns que Knowles avait apportés à son père - "jetés sur ses mains; il ne pouvait pas s'en servir , - produit du travail des esclaves ! - jamais , Monsieur!"), le délicat poisson brun que Joël avait pêché, le pain que sa mère avait préparé, le beurre doré, tout cela lui touchait les nerfs avec un vif sentiment de beauté et de plaisir. Et plus encore, le visage décharné du vieil homme aveugle, sa main osseuse tremblante alors qu'il portait la tasse à ses lèvres, sa mère et le Docteur parvenant silencieusement à placer tout ce qu'il préférait près de son assiette. Tout cela ne faisait-il pas partie de la lueur fraîche et pleine d'espoir qui brûlait dans sa conscience ? Il s'éclaircit et s'approfondit. Il a effacé le chemin difficile et poussiéreux de l'avenir et a montré avec chaleur et clarté le succès final. Pas grand chose à montrer, pensez-vous. Seulement la vieille maison telle qu'elle était autrefois, pleine de rires tranquilles et de contentement ; seuls les yeux clairs de sa mère brillent à nouveau ; seulement cette vieille tête décharnée se relevait fièrement, ne devant à personne que de la courtoisie. La lueur s'approfondit à mesure qu'elle y pensait. Il était également étrange que, avec la nature profonde et lente de cette jeune fille, elle se soit efforcée avec autant d'acharnement à jeter cette lumière sur l'avenir. Les natures les plus ordinaires ont fait plus et espéré moins. C'était un pauvre cadeau, pensez-vous, que celui du travail d'une vie pour un devoir si simple ; guère héroïque. Elle le savait. Pourtant, s'il y avait dans cet accouchement à venir une quelconque douleur, un quelconque effort fatiguant, elle s'y accrochait désespérément, comme si cela devait bannir, peut-être, une perte pire. Elle essayait désespérément, dis-je, de saisir l'espoir lointain et incertain de la fin, d'en faire du bonheur, de le donner à son cœur silencieux et rongeur pour qu'il puisse s'en nourrir. Elle repoussa hors de vue toute vie possible qui aurait pu faire naître son véritable moi, et s'accrocha à ce devoir superficiel et à cette récompense superficielle.

Pitoyable et vain de s'accrocher ! C'est la voie des femmes. Comme si n'importe quelle âme humaine pouvait enterrer ce qui aurait pu être, dans ce qui est !

Le Docteur, scrutant sa pensée avec des yeux perçants et méfiants, ne prêta guère attention à l'enthousiasme passager. Même les conversations agréables et joyeuses qui plaisaient tant à son père n'étaient que superficielles, il le savait. La femme qu'il devait conquérir pour sa grande fin se trouvait en dessous, sombre et froide. Ce n'était que dans ce but qu'il se souciait d'elle. Peu importait à travers quelles froides profondeurs de solitude son âme respirait faiblement. Pourtant une vaine imagination le touchait, quel triomphe avait remporté l'homme, quel qu'il soit, qui avait détenu le passe-partout d'une nature aussi rare que celle-ci, qui avait dans sa main le pouvoir royal de briser son silence en frissons électriques. de rires et de larmes, une terrible douleur subtile , ou une joie aussi terrible. Détenait-il toujours le pouvoir ? » se demanda-t-il. Pendant ce temps, elle restait assise là, sans avoir lu.

CHAPITRE II.

La soirée arriva, lente et froide. La vie elle-même, pensa le Docteur avec impatience, était fraîche et lente ici au milieu des collines. Même lui tomba dans ce ton tranquille et s'en irrita. Nulle part ailleurs la soirée grise et sombre ne se fondait dans la nuit mystérieuse de manière impalpable comme ici. Le calme, large et profond, l'enveloppait, forçait sa chaleur insignifiante à se taire et à réfléchir. Le monde semblait y penser. Calme dans les mers mortes de brouillard, qui remplissaient les vallées comme une vapeur agitée caillée dans le silence ; calme dans l'air qui écoute, s'étendant gris jusqu'aux étoiles, — dans les montagnes solennelles, qui se tenaient immobiles, comme des prophètes à tête blanche, attendant les mains levées, jour et nuit, pour entendre la Voix, silencieuse maintenant depuis des siècles ; l'air même, lourd du souffle des forêts de pins endormies, bougeait lentement et froid, comme une voix humaine lasse de prêcher aux cœurs incrédules la paix sur terre. Le cœur de cet homme était incrédule ; il s'irritait dans le calme oppressant ; c'était une moquerie insensible pour un monde malade et affamé, une torpeur morte d'indifférence. Des années de douleur chaude et trouble avaient émoussé ses yeux sur l'éternel secret de la nuit ; son âme était trop meurtrie par les trébuchements, piquée, enflammée par les besoins et les souffrances des innombrables vies qui l'entouraient, pour accepter le grand calme prophétique. Il était aveugle à la prophétie écrite sur la terre depuis le jour où Dieu avait ordonné pour la première fois qu'elle annonce aux hommes contrariés le grand demain.

Il s'est détourné de la nuit à l'intérieur. Les cœurs humains étaient sa véritable étude. La vieille maison, pensait-il, dormait avec les autres. Il n'est pas étonnant que le pendule de l'horloge oscille longuement et lentement. La hâte frénétique et nerveuse des horloges des villes s'accordait mieux avec le pouls de la vie humaine. Pourtant, la vie dans les veines de ces gens coulait lentement et froidement ; leurs chagrins et leurs joies étaient rares et duraient toute la vie. L'air durable convenait à cette femme, Margret Howth. Son sang ne pourrait jamais couler ou refluer avec des bouffées soudaines de passion, comme le sien, palpitant, réchauffant continuellement : un courant, absorbant, profond, porterait son flux d'une éternité à l'autre, un amour ou une haine. Quelle que soit la puissance en jeu, elle devrait lui appartenir dans son intégralité. C'était son droit. Son objectif n'était-il pas élevé, le plus élevé ? C'était son droit.

Margret, levant les yeux, vit le regard de l'homme fixé sur elle. Elle l'a accueilli froidement. Toute sa courte vie, cet homme étrange, si tendre pour les faibles, l'avait regardée avec une sorte de mépris sauvage, se moquant de son apathie enfantine et rêveuse, la poussant d'effort en effort avec un fléau de mépris. Que voulait-il maintenant avec elle ? Son devoir était léger ; elle l'a repris, elle était heureuse de le reprendre ; qu'aurait-il de plus ? Elle a mis toute cette affaire loin d'elle.

Il se faisait tard. Elle s'assit près de la lampe et commença à lire à son père, comme d'habitude. Sa mère a rangé son tricot ; Joël arrivait à moitié endormi ; le Docteur éteignit son cigare éternel et écouta attentivement, comme il faisait tout le reste. C'était une vieille histoire qu'elle lisait, l'histoire d'un homme qui parcourait les champs et les rues bondées de Galilée il y a mille huit cents ans. Knowles, avec son cerveau en surchauffe, imaginait que le silence extérieur de la nuit devenait plus profond, que l'air lent s'arrêtait dans sa course pour écouter. Peut-être que cette simple histoire avait une signification plus profonde pour ces montagnes maussades et ce ciel solennel que pour les cœurs aveugles qui s'y trouvaient. C'était pour eux une histoire lointaine , très lointaine. Le vieux maître d'école l'entendait la tête baissée, avec cette obéissance fière avec laquelle un cavalier reçoit les ordres de son chef. Le chef chevalier n'était-il pas le chevalier du vrai courage ? Tout ce qui était haut et chevaleresque chez le vieil homme surgit pour le posséder Seigneur . Non seulement il prêchait, mais il mangeait et buvait avec les publicains et les pêcheurs, c'était une exigence de sa mission ; aujourd'hui--. Joël entendit la « bonne parole » avec une conscience égarée de certaines règles d'honnêteté à observer le lendemain, et d'un dédale de couronnes et de harpes qui brillaient quelque part au-delà. Quant à tout lien immédiat entre les enseignements de ce livre et « The Daily Gazette », c'était un pur blasphème d'y penser. Le Seigneur tenait ces vieux Juifs dans Sa main, bien sûr ; mais quant aux élections du mois prochain, c'était une tout autre affaire. Si Joël éloignait l'histoire du contact de la vie commune, le Docteur la faisait tomber et la gardait là pour le procès. Pour lui, c'était l'histoire d'un réformateur qui, il y a dix-huit siècles, avait fait son temps. Pourrait-il servir aujourd'hui ? Le pourrait-il ? Le besoin était désespéré. Y avait-il quelque chose dans ce christianisme, libéré de l'intolérance, qui pourrait résoudre l'horrible problème que les âges avaient laissé à l'Amérique ? Il en doutait. Les gens traitaient ce vieux Knowles d'infidèle, disaient que son cerveau était aussi contre nature et déformé que son corps. Dieu, regardant dans son cœur cette nuit-là, vit le sauvage qui luttait là et le jugea avec d'autres yeux que les leurs.

L'histoire restait vivante dans son cerveau palpitant, exigeant d'être entendue. Tout était réel pour cet homme, cette masse de chair grossière dont ses compagnons se moquaient ; le plus réel de tous, la douleur impuissante de la vie, la grande boue bouillonnante de misère muette dans les rues et les ruelles, l'appel à l'aide des âmes affamées du monde. Vous et moi avons autre chose à faire que d' écouter, plus agréable. Mais lui, sortant de la fange, les veines épaisses du sang d'une race méprisée, avait emporté avec lui sa douleur et sa faim : c'était pour lui la chose la plus réelle sur terre , plus réelle que sa propre part dans le monde. paradis ou enfer invisible. Devant la réalité, le péril du besoin immédiat du monde, il a essayé l'aide offerte du Calvaire. C'était l'œuvre de plusieurs années, pas de cette nuit. Peut-être que si ceux qui prêchent Christ crucifié avaient douté de lui comme cet homme, leur œuvre dans le ciel à venir aurait pu être plus élevée, et la nôtre, qui les écoute. Quand la jeune fille eut fini de lire, elle sortit au grand air. Le Docteur l'a dépassée sans préavis. Il descendit la colline, à sa manière lourde, jusqu'à la ville ; content d'y aller; l'opprimé, confiant et attendant , le narguait. Cela le renvoyait plus furieux contre le Destin, le cœur plus amer de sa grande pitié. Qu'il aille dans la grande ville, avec ses tripots étouffants, ses enclos à nègres, ses caves immondes ; — sa place et son travail. S'il trébuche aveuglément contre des maux invincibles et meurt, d'autres ont trébuché et sont ainsi morts. Pensez-vous que leur travail est perdu ?

Margret regardait les landes en pente et le brouillard. Elle aussi avait sa place et son travail. Elle pensait que cette nuit-là, elle l'avait vu clairement et qu'elle gardait les yeux fixés dessus, comme je l'ai dit. Ils avancèrent d'un pas régulier à travers les vastes années qui s'ouvraient devant elle. Quel que soit leur labeur lent et interminable, quelle que soit leur solitude affamée ou la grossièreté de leurs actes, elle les voyait tout, ne reculant devant rien. Elle regarda les grosses veines bleues de son poignet, pleines de sang intact, — évalua froidement sa durée de vie, sa force d'endurance, — les mesura par rapport au travail qui l'attendait. Ce n'était pas une mince affaire, elle le savait. Elle serait vieille avant que ce soit fini, une vieille femme, dure, mécanique, usée. Mais le jour serait si radieux que lorsqu'il viendrait, il expierait tout : le jour serait radieux, la maison à nouveau chaude ; il contiendrait tout ce que la vie lui avait promis de bien.

Tous? Oh, Margret, Margret ! N'y avait-il aucun doute maussade quant à cette courageuse détermination ? N'y avait-il pas à ce moment-là une ombre sombre, ironique, effaçant père, mère et foyer, rampante plus proche, moins étrangère à votre âme que celles-ci, que même votre Dieu ?

Si une ombre aussi froide et magistrale surgissait des années passées et s'accrochait à la vie la plus vraie de son cœur, elle l'étouffait et la rejetait. Et pourtant, appuyée contre le portail et réfléchissant dans le vide, elle se souvenait d'une époque où, à travers cette ombre, elle croyait plus en un Dieu qu'aujourd'hui. Quand, à l'aide de cette espérance très morte, Celui dont elle avait lu ce soir se tenait tout près, un Secours infiniment tendre, qui, avec les différents amours humains qu'elle connaissait, avait aimé sa mère et Marie. Par conséquent, une aide. Maintenant, luttant comme elle le ferait pour la chaleur ou les espoirs sains, le monde était gris et silencieux. Sa nature de femme vaincue le disait ainsi, avec amertume. Christ était une puissance obscure et idéale, un ciel lointain. Elle doutait qu'il y ait quelque chose d'aussi réel que ce qu'elle avait perdu.

Comme pour lui rappeler plus vivement les temps anciens, il se produisit une de ces curieuses petites coïncidences avec lesquelles le destin, pensons-nous, n'a rien à voir. Elle entendit un pas rapide sur la route argileuse, et un petit terrier boueux sursauta en aboyant à côté d'elle. Elle s'arrêta avec une soudaineté étrange dans ses mouvements lents. "TIGRE!" dit-elle en lui caressant la tête avec un empressement passionné. Le chien lui léchait la main, sentait ses vêtements pour savoir si elle était la même : cela faisait deux ans qu'il ne l'avait pas vue. Elle était assise là, le caressant doucement. Bientôt, il y eut un bruit de roues qui couraient sur la route, et une voix chantant des bribes de quelque chanson, une de ces joyeuses chansons de rue que sifflent les garçons. C'était une voix basse et faible, mais très agréable. Margret l'entendit dans l'obscurité : elle embrassa le chien avec une étrange pâleur sur le visage et se releva, silencieuse, attentive comme auparavant. Tigre continuait de lui lécher la main qui pendait à son côté : elle était froide et tremblait lorsqu'il la touchait. Elle attendit un moment, puis le repoussa, comme si son contact lui faisait rompre un vœu. Il gémit, mais elle s'éloigna précipitamment, sans attendre de savoir comment il était venu, ni avec qui. Peut-être que si le Dr Knowles avait vu son visage alors qu'elle le regardait, il aurait pensé qu'il y avait des profondeurs dans sa nature que ses yeux inquisiteurs n'avaient jamais atteintes.

Les roues se rapprochèrent et aussitôt une charrette s'arrêta devant la porte. C'était un de ces petits chariots que conduisent les colporteurs ; seulement, cela semblait être une affaire faite maison, rafistolée avec de la vannerie et des morceaux de planches. Il était rempli de paniers de légumes, d'œufs et de poulets, et sur un banc cassé au milieu était assise la conductrice, une femme. On ne pouvait s'empêcher de rire, quand on regardait l'ensemble du rassemblement, il avait un aspect tellement improvisé. Les rênes étaient en corde torsadée, les roues inégales. Il avançait en cahotant d'une manière si insouciante et si joyeuse, comme s'il s'en fichait le moins du monde s'il tombait en morceaux d'un moment à l'autre sur la route. L'âne qui le tirait était osseux et borgne ; mais il vous fit un clin d'œil entendu à l'autre, pour vous demander si vous aviez vu la plaisanterie de la chose. Même la voix du propriétaire de l'établissement, pépiant une chanson oiseuse, comme je vous l'ai dit, était l'un des sons les plus joyeux que vous ayez jamais entendus. Joël, là-haut à la grange, oublia sa dignité pour la saluer d'un « Hillo ! » prolongé. et apparut bientôt à la porte.

"Je suis en retard, Joel," dit la voix faible. On aurait dit celui d'un enfant, à portée de main.

"Nous pouvons faire du commerce dans le noir, Lois, toutes les deux étant honnêtes", répondit-il gracieusement, en hissant un panier de tomates dans le chariot et en sortant un pichet de vinaigre.

"Est-ce que c'est Loïs ?" dit Mme Howth en venant à la porte. « Asseyez-vous tranquillement, mon enfant. Ne vous baissez pas.

Mais l'enfant, comme elle l'appelait, était descendue du chariot et se tenait à côté d'elle, appuyée sur la roue, car elle était impuissante.

"Je pensais que tu serais là ce soir. J'ai mis du café sur le feu. Apportez-le, Joël."

Mme Howth n'a jamais dressé de bouclier entre elle et ce membre de « la classe », parce que, peut-être, elle était si misérablement basse dans l'échelle sociale. Cependant, je suppose qu'elle ne s'est jamais donné de raison, même à elle-même. Personne ne pouvait s'empêcher d'être gentil avec Lois, même s'il essayait. Joel apporta le café avec plus de promptitude qu'il ne l'aurait fait pour Mme Howth.

"Barney sera jaloux", dit-il en tapotant les côtes nues du vieil âne et en jetant un regard mélancolique à sa maîtresse.

"Donnez-lui son souper, bien sûr", dit-elle, comprenant l'allusion.

C'était un vrai régal de voir comment Lois appréciait son dîner, sirotant et dégustant le café chaud, le visage rayonnant, comme un épicurien devant un rare Falernian . Vous seriez sûr, à partir de cette petite chose, qu'aucune étincelle de chaleur ou de plaisir au monde ne lui a échappé qu'elle n'ait captée, appréciée et dont elle ne soit pas reconnaissante au maximum. On pourrait peut-être penser, pitoyablement, que peu de plaisir ou de chaleur ne descendraient jamais aussi bas, à sa portée. Maintenant qu'elle était à terre, elle arrivait à peine au niveau de la roue ; une difformité de ses jambes la faisait marcher avec un roulis curieux et très comique à voir. Elle en riait, quand les autres le faisaient ; si cela la contrariait, elle ne le montrait jamais. Elle avait retourné son bonnet en calicot et regardait Mme Howth et Joel, riant pendant qu'ils lui parlaient. Ce visage vous aurait fait sursauter sur un corps si vieux et si rabougri. C'était un visage d'enfant, vif, impatient, avec cette beauté pitoyable qu'on voit toujours chez les gens difformes. Ses yeux, je pense, étaient les plus gentils et les plus pleins d'espoir que j'aie jamais vus. Rien que l'épaisseur livide de sa peau ne trahissait ce qui distinguait Lois même des pauvres les plus pauvres : la souillure de sang noir dans ses veines.

" Whoy ! ce n'est pas ce Tigre ? " dit Joël tandis que le chien courait autour de lui en aboyant. "Comment se fait-il ouais, avec lui, Lois ?"

"Tiger et les bons amis de son maître , vous vous souvenez qu'ils l'étaient tous . Et il est de retour maintenant, M. Holmes, il est de retour depuis un mois."

Margret, qui marchait sous le porche avec son père, s'arrêta.

"Es-tu fatigué, père ? Il est tard."

" Et tu es épuisée, pauvre enfant ! J'ai été égoïste d'oublier. Bonne nuit, ma chérie ! "

Margret l'embrassa en riant joyeusement alors qu'elle le conduisait à la porte de sa chambre. Il s'attarda, tenant sa robe.

"Peut-être que ce sera plus facile pour vous demain qu'aujourd'hui ?" hésitant.

"J'en suis sûr. Demain sera certainement meilleur qu'aujourd'hui."

Elle le quitta et s'éloigna d'un pas qui ne faisait pas écho à la promesse de ses paroles.

Joël, quant à lui, consultait à part sa maîtresse.

"Bien sûr," dit-elle avec insistance. - "Tu dois rester jusqu'au matin, Lois. Il est trop tard. Joël va te jeter un lit dans le grenier."

L'étrange petit corps hésita.

"Je peux rester", dit-elle enfin. "C'est sa garde au moulin ce soir."

« À qui la montre ? demanda Joël.

Son visage s'éclaira.

"C'est à mon père. Il est de retour, maman."

Joël se surprit à siffler.

"Il est très sobre , Joel, aussi sobre que toi ."

"Je suis très heureuse qu'il soit revenu, Lois", dit gravement Mme Howth.

À chaque endroit où Lois était ce jour- là , elle lui avait annoncé une bonne nouvelle, et à chaque endroit, elle avait été accueillie par le même sourire aimable et "Je suis heureuse qu'il soit de retour, Lois."

Pourtant, Joe Yare, fraîchement sorti de deux ans de prison, n'était pas exactement la personne que la société accueille habituellement à bras ouverts. Lois en avait peut-être un vague soupçon ; car, tandis qu'elle boitait le long du sentier, elle ajoutait à sa propre assurance sur sa « rigidité » en expliquant sérieusement à Joel comment il avait une place dans les filatures de laine de

Croft Street , et comment le Dr Knowles avait dit qu'il était aussi prêt qu'un chauffeur comme n'importe quel autre dans les chaufferies.

Le son de sa voix faible et impatiente se tut pour le moment, et rien ne brisa le froid solitaire de la nuit.

CHAPITRE III.

Le matin, quand il arriva longtemps après, fut calme et frais, — l'aube chaude et rouge, impuissante, étouffée sous de grandes vagues de nuages gris. Margret, regardant l'épais brouillard, se recoucha avec lassitude, fermant les yeux. Quelle était la journée pour elle ?

Très lentement, la nuit fut repoussée. Une heure plus tard, lorsqu'elle releva la tête, les étoiles brillaient encore à travers l'arche brumeuse, comme des étincelles d'un bleu cuivré, et les collines et les vallées n'étaient plus qu'une masse d'humidité cendrée à la dérive et qui se soulevait lentement. Au loin, à l'est, une pellicule rouge étouffée perçait à tâtons. C'était un autre jour à venir ; autant se lever et vivre le reste de sa vie ; qu'avait-elle à faire d'autre ?

Quoi que cette nuit ait été pour la jeune fille, elle laissait une pensée vive, vive, dans le calme épuisé de son cerveau : une crainte lâche de l'épreuve du jour, quand elle le reverrait. Est-ce que la vieille lutte des années avant de revenir ? Était-ce à recommencer ? Elle était épuisée. Elle avait été silencieuse pendant ces deux années : ce qui s'était passé auparavant, elle ne s'en souvenait jamais ; mais cela la rendait reconnaissante, même pour ce silence stupide. Et maintenant, alors qu'elle avait planifié sa vie, occupée, utile, satisfaite, pourquoi Dieu avait-il besoin d'envoyer la vieille pensée pour la narguer ? Un sentiment sauvage et nauséabond de ce qui aurait pu être soulevé : elle l'enfonça , — elle l'avait gardé toute la nuit ; l'ancienne douleur ne devrait pas revenir, elle ne devrait pas revenir. Elle ne considérait pas l'amour auquel elle avait renoncé comme un rêve, comme le font les faiseurs de vers ou les imposteurs ; elle savait que c'était la graine rapide de son âme. Elle le réclamait encore maintenant, avec toute la force féroce de sa nature ; c'était le mieux qu'elle connaissait ; grâce à elle, elle s'est rapprochée de Dieu. En pensant au jour où elle y avait renoncé, elle s'en souvenait avec la vague conscience d'avoir mené un combat mortel contre son destin, et qu'elle avait été vaincue, qu'elle n'avait plus jamais vécu. Qu'il en soit ainsi; elle ne pouvait plus supporter la lutte.

Elle continua à s'habiller d'une manière machinale et maussade. Un jour, un rire amer apparut sur son visage, alors qu'elle regardait dans le verre et vit les yeux morts et ternes et la ride sur son front. Était-ce là le visage à couronner de caresses délicates et d'amour ? Elle se méprisa un moment, en eut assez d'elle-même, hésita, contrariée dans sa vraie vie telle qu'elle était. D'autres femmes que Dieu a assez aimées pour sonder au plus profond de leur nature ont fait de même, elles se sont vues telles que d'autres les voyaient : leurs forces se desséchaient en elles, raillées, toutes seules. C'est un procès dont nous rions. Je pense que les pédés rapides sur le bûcher étaient de meilleurs sujets de rire que la lente faim qui rongeait le cœur de nombreuses femmes méprisées ou d'un homme égoïste. Ils sortent de l'épreuve comme du martyre, selon leur foi : on en voit les marques parfois dans une vieillesse frivole descendre avec des espérances farfelues et les yeux affamés vers la tombe ; vous voyez sa victoire dans les vies les plus fraîches et les plus complètes de la terre. Cette femme avait accepté son épreuve, mais elle l'acceptait comme un sort inflexible qu'elle ne comprenait pas ; c'était nouveau pour elle ; sa solitude, sa soif désespérée étaient fraîchement amères. Elle se détestait comme quelqu'un que Dieu avait jugé indigne du droit de toute femme : aimer et être aimée.

Elle se dirigea vers la fenêtre, regardant fixement le froid gris. Quiconque doté d'un œil analytique aigu, remarquant les muscles maigres de cette femme, le cerveau saillant, les yeux profonds et cachés, aurait prédit qu'elle vaincra dans le combat ; forcer son âme à descendre, mais que cette force laisserait le corps faible et flasque épuisé et mort. Une chose était sûre : aucun œil curieux ne verrait la lutte ; le corps pouvait être nerveux ou malade, mais il avait le grand pouvoir de réticence ; le calme avec lequel elle faisait face au regard le plus proche lui était naturel : pas de masque. Lorsqu'elle quitta sa chambre et descendit, le même calme inchangé qui avait déconcerté Knowles stabilisa son pas et rafraîchit ses yeux.

Après avoir fait un sacrifice de vous-même pour autrui, avez-vous jamais remarqué à quel point vous aviez tendance à douter, dès que l'acte était irrévocable, s'il était après tout ça vaut le coup de l'avoir fait ? Comme le bien gagné semble mesquin ! Comme l'agonie des mains vides et des vœux étouffés est nouvelle et inimaginable ! Les anges qui sont envoyés au ministère sont parfois très lents !

Margret, en descendant les escaliers ce matin-là, n'a trouvé chez elle aucune de la lueur chevaleresque et désintéressée de la nuit précédente. C'était une vieille maison nue, au milieu de mornes champs de chaume, dans laquelle sa vie allait lentement s'épuiser : travaillant pour ceux qui ne la comprenaient pas ; je la remerciai peu, c'était tout. Cela n'avait pas d'importance; la vie était courte : elle pouvait au moins remercier Dieu pour cela.

Elle ouvrit la porte de la maison. Un courant d'air froid du matin lui frappa le visage, venant de l'ouest ; il avait repoussé le brouillard en grands bancs gris sur les collines, ou en marécages chatoyants dans les creux des fentes : un vague crépuscule remplissait l'espace laissé nu. Tigre, endormie dans le couloir, se précipitait dans le pré en aboyant, sauvage de fraîcheur et de froid, puis revenait se précipiter autour d'elle pour un bon matin bruyant. Le contact du chien semblait la rapprocher de son maître ; elle l'a mis de côté; elle n'osait même pas souffrir cette trahison : les circonstances mêmes qui l'avaient forcée à abandonner son projet rendaient le fait de se retourner de nouveau une faible lâcheté. C'était une histoire simple, mais qu'elle n'osait pas se raconter ; car ce n'était pas entièrement pour l'amour de son père qu'elle avait fait ce sacrifice. Elle savait que, même si elle pouvait être proche de cet homme Holmes comme de sa propre âme, elle était un obstacle pour lui, — se mettait en travers de son chemin, — le retenait à l'écart. Elle s'était donc tranquillement tenue à l'écart, avait pris en charge son propre fardeau solitaire et l'avait laissé avec sa vie claire et autonome , avec son Soi, qui lui était plus cher qu'elle ne l'avait jamais été. Pourquoi ne serait-il pas plus cher ? Pensa-t- elle en se souvenant de l'homme tel qu'il était, un maître parmi les hommes : digne d'être un maître. Elle... qu'était-elle comparée à lui ? Il était de retour ; elle doit le voir. Alors elle resta là avec cette peur persistante qui lui traversait le cerveau.

Soudain, dans l'allée près de la maison, elle entendit une voix qui parlait à Joël, la marchande. Quel son faible et joyeux c'était dans le froid et le brouillard ! Cela la toucha curieusement : il brisa sa pensée morbide comme tout ce qui était vrai et sain aurait dû le faire. "Pauvre Loïs !" pensa-t-elle avec une vive pitié, oubliant pour le moment son propre avenir intolérable, tandis qu'elle préparait son petit-déjeuner et partait avec lui dans l'allée. Le matin était venu ; de grandes et lourdes barres de lumière tombaient de derrière les collines, à travers les bancs de brouillard gris et noir ; il y avait un tumulte changeant, inquiet, obstiné parmi les ombres ; ils n'avaient pas l'intention de céder à l'aube imminente. Les collines, les bois massifs, la brume opposaient avec mépris leur front inébranlable. Margret ne remarqua pas la lutte silencieuse jusqu'à ce qu'elle atteigne l'allée. La jeune fille Loïs, assise dans sa charrette, regardait attentivement le lent déferlement des ombres et la levée plus lente des rayons obliques.

"Le matin arrive bien ici, Miss Marg'et !" dit-elle en baissant la voix.

Margret ne répondit rien ; le matin, pensait-elle, était gris et froid, comme sa propre vie. Elle se tenait appuyée sur le chariot bas ; une étrange sympathie l'attirait vers ce pauvre malheureux, petit, seul au monde, un lien d'égalité que l'étrange figure enfantine, ni l'air bizarre de contentement de la créature, n'atténuaient pas. Même lorsque Lois rabattait la jupe rapiécée de sa robe de flanelle et arrangeait les tas de maïs et de tomates autour d'elle, préparatoire au départ, Margret gardait sa main sur le côté du chariot et marchait lentement le long de la route. Un jour, en regardant la jeune fille, elle pensa avec un demi-sourire à quel point elle était étrangement propre. La jupe en flanelle qu'elle avait agencée avec tant de complaisance avait été lavée jusqu'à ce que les couleurs se mélangent follement en désespoir de cause ; ses cheveux étaient noués avec une tension implacable en un peigne comme en portent les vieilles femmes. Le chariot lui-même, aussi rapiécé soit-il, avait un aspect douillet et douillet ; les masses de légumes, verts, pourpres et écarlates, étaient entassées avec une certaine référence à l'éclat des couleurs , remarqua Margret, se demandant si c'était accidentel. Levant les yeux, elle vit les yeux marron de la jeune fille fixés sur son visage. Ils étaient singulièrement doux et d'un brun maussade.

"Vous allez au moulin , Miss Marg'et ?" » demanda-t-elle à voix basse.

"Oui. Tu n'y vas jamais maintenant, Lois ?"

"Non, c'est moi."

La jeune fille frissonna, puis essaya de le cacher dans un rire. Margret marchait à côté d'elle, la main sur le bord du chariot. D'une manière ou d'une autre, cette créature, que la nature avait rejetée avec impatience comme un raté, si gâtée, imparfaite, que même les chiens étaient gentils avec elle, s'approchait étrangement d'elle, prétendait être reconnue par quelque instinct subtil .

En partie pour cela, et en partie pour s'oublier elle-même, elle jeta un coup d'œil furtif au visage enfantin du petit corps déformé, se demandant quelle impression l'aube changeante produisait sur l'âme inachevée qui regardait si intensément à travers les yeux bruns. Quel sens d'artiste avait - elle — que pouvait-elle savoir — la colporteuse ignorante — des lois éternelles de la beauté ou de la grandeur ? Rien. Pourtant, quelque chose dans le visage de la jeune fille lui faisait penser que ces collines, cet air et cc ciel étaient en fait vivants pour elle, — réels ; que son âme, étant peut-être inférieure à la nôtre, était plus proche de la nature, connaissait le langage du jour changeant, de ces collines au visage sérieux, des vers mêmes qui rampaient à travers la moisissure brune . C'était une vaine imagination ; Margret s'en moqua d'elle-même et se tourna pour regarder la lente lutte matinale que Lois suivait avec des yeux si impatients.

La lumière était conquérante. Le long de l'arche grise, le bleu doux et rosé se glissait doucement, s'approfondissant, s'élargissant ; en dessous, les barres de lumière uniformes frappaient de plein fouet le noir maussade de l'ouest et y travaillaient sans se laisser intimider, le teintant de pourpre et de pourpre impérial. Deux ou trois nuages de brume timides, bientôt convertis à la nouvelle allégeance, dérivaient avec vertige, simples flocons de rougeurs roses. La victoire de la journée est venue lentement, mais sûrement, puis la matinée complète s'est déroulée, fraîche d'humidité et de parfum léger et délicat. Les barres de soleil tombaient sur la terre inférieure depuis les collines escarpées comme des épées pointues ; le marais brumeux de vapeurs humides tremblait et se brisait, tellement touché, s'élevait enfin, laissant des taches d'éclat humide sur les champs, et flottait majestueusement en nuages radieux vainqueurs, menés par le vent conquérant. Victoire : c'était dans l'éther froid et pur qui remplissait les cieux, dans la joie solennelle des collines. Les grandes forêts frémissantes dans la douce lumière, la rivière très endormie s'éveillant sous la brume, accompagnées d'une basse grave dans l'hymne montant de bienvenue à la vie nouvelle que Dieu venait de donner au monde. Depuis le soleil lui-même, sortant comme un époux de sa chambre, jusqu'aux gouttes de pluie vacillantes sur la molène au bord de la route, le monde semblait se réjouir, exultant de la victoire. Des sons simples et plus joyeux brisaient la grandeur de la matinée, sur laquelle Margret regardait avec lassitude. Lois n'en a perdu aucun ; Aucune ombre morbide de sa propre vie hésitante ne lui cachait le sens.

La lumière jouait sur les légumes entassés dans la vieille charrette ; les pattes osseuses de l'âne trottinaient avec une nouvelle vigueur . Il n'y avait pas une vache qui meuglait dans les granges lointaines, ni une hirondelle gazouillante sur les buissons de la clôture, qui ne semblait inclure le visage impatient du petit colporteur dans leurs salutations matinales. Pas un pissenlit doré au bord de la route, pas un gargouillis de l'eau brune claquante des puits, qui ne donnait un plaisir plus rapide au visage rougeoyant. Son contenu curieux piqua la femme qui marchait à ses côtés. Quel secret de récompense le pauvre malheureux avait-il trouvé ?

"Ton père est là, Lois," dit-elle négligemment, pour briser le silence. "Je l'ai vu au moulin hier."

Son visage s'éclaira instantanément.

"Il est à la maison, Miss Marg'et , oui. Et tout va bien pour lui. Les choses arrivent parfois bien," ajouta-t-elle d'un ton réfléchi, repoussant une mouche de l'oreille de Barney.

Margret sourit.

"Toujours ? Qui te les apporte, Lois ?"

"Le Maître", dit-elle en se retournant avec un sourire en réponse.

Margret a été touchée. Le propriétaire du moulin n'était pas une vérité plus réelle pour cette jeune fille que le maître dont elle parlait avec une connaissance si tranquille.

"Est-ce que tout va bien au moulin ?" dit-elle en la testant.

Une ombre apparut sur son visage ; ses yeux erraient avec incertitude, comme si son faible cerveau était confus, – seulement pour un instant.

"Ils viendront bien !" dit-elle courageusement. "Le Maître s'en chargera !"

Mais la lumière avait disparu de ses yeux ; une vieille douleur semblait surgir de sa pensée étroite ; et quand elle commença à parler, c'était d'une manière déconcertée et dubitative.

"C'est un endroit noir, ce moulin", dit-elle à voix basse. "C'était un bon moment où j'étais là-bas : de sept ans à seize ans. Cela me semblait plus long et ça ne l'était pas. C'était comme si j'étais là depuis toujours , je sais , depuis toujours, tu sais. "Avant d'entrer, j'avais le rachitisme, disent-ils : c'est ce qui me fait mal. "Ça m'a fait mal à la tête, m'a-t-on dit , cela m'a rendu différent des autres."

Elle s'arrêta un instant, avec un regard stupide et affamé dans les yeux. Au bout d'un moment, elle regarda Margret furtivement, avec un empressement pitoyable.

"Mlle Marg'et , je pense qu'il y a quelque chose qui ne va pas dans ma tête. Est-ce que YOH l'a déjà remarqué ?"

Margret posa gentiment sa main sur le front large et déformé.

"Quelque chose ne va pas partout, Lois," dit-elle distraitement.

Elle ne voyait pas le lent soupir avec lequel la jeune fille étouffait tout espoir qui venait de naître, écoutait à moitié attentive tandis que le bonimenteur continuait ses divagations.

"C'était le moulin", dit-elle enfin. "J'ai en quelque sorte grandi dans cet endroit au cours de ces années : il me semblait que je faisais partie des moteurs , d'une manière ou d'une autre. L'air était épais dans ma bouche, noir avec de la fumée et de la laine. ' sent.

"Au cours de ces années-là, j'étais étourdi dans ma tête, je pense. C'était l' air et le travail. J'étais faible aussi . J'en suis arrivé au point que le bruit des métiers à tisser a continué dans ma tête. la nuit et le jour, tout ça , bruit sourd , bruit sourd. Et les jours chauds, quand les mains étaient en colère et chantaient , les roues noires et les rouleaux étaient vivants, me regardant de haut, et " Les ombrages des métiers à tisser étaient comme des serpents rampants , rampants tout le temps. Ils étaient très bons avec moi, les mains étaient très bonnes. Il y a beaucoup de choses du Maître. Les gens là-bas, même s'ils n'ont jamais entendu son nom : les prédicateurs n'y vont pas. Mais il y veillera. Il ne se souciera pas de leur malédiction sur lui, vu qu'ils ne connaissent pas son visage. Je pensais qu'il appartenait à la noblesse. Je savais que cela m'arriverait, quand les temps seraient les plus mauvais . Je savais"—
—

Les mains de la jeune fille travaillaient ensemble, ses yeux étaient fixés, toutes les lentes années de ruine qui avaient rongé son cerveau se dressaient devant elle, tout le sang contaminé dans ses veines par des siècles d'esclavage et de paganisme luttant pour l'entraîner vers le bas. Mais surtout, l'Espoir surgissait clair, simple : la confiance dans le Maître : et brillait dans son visage balafré, à travers ses sens meurtris.

"Je savais que tout allait bien se passer, tout le monde . J'étais seul à ce moment-là : ma mère était morte et mon père était parti, et le Seigneur pensait qu'il était temps de s'occuper de moi, d' autant plus que le surveillant me prenait en charge . une entrée dans la maison des pauvres. Alors il a envoyé M. Holmes avec lui. Alors ça s'est bien passé !

Margret ne parlait pas. Même cette ouvrière pouvait parler de lui, prier pour lui ; mais elle ne doit jamais prendre son nom sur ses lèvres !

"Il a eu la charrette pour moi, et ce sacré vieil âne, et ma chambre. Avez- vous déjà vu ma chambre, Miss Marg'et ?"

Son visage s'éclaira soudain de son étrange sourire enfantin.

"Non ? Tu viendras un jour , sûrement ? C'est un endroit poreux, tu penseras ; mais il y a de l' air ,— de l' air."

Elle s'arrêta pour respirer le vent froid du matin, comme si elle pensait retrouver dans sa fraîcheur féroce la vie et la cervelle qu'elle avait perdues.

" Il y a des endroits dans ces ruelles et des trous sombres, Miss Marg'et , comme l' ouverture de l'enfer, avec les odeurs épaisses et les vues que vous verriez."

Elle retourna avec une pitié terrible et tenace vers la Géhenne d'où elle s'était échappée. Le mal de la vie était bien réel pour elle : un diable affamé dans ces ruelles et ces repaires. Margret écoutait, réveillée à contrecœur par le sentiment d'une douleur différente de la sienne , de profondeurs inférieures d'où les femmes comme elle se retirent délicatement, soulevant leurs robes vaporeuses.

"Miss Marg'et !"

Son visage a brillé.

"Eh bien, Loïs ?"

"Le Maître a son peuple parmi les plus bas, ce n'est pas à ceux comme vous de parler. Il les connaît : des hommes et des femmes morts de faim et ivres dans des prisons et des ateliers, qui seraient mépriser d'être lâche ou méchant, cela montre la bonté de Dieu, à travers le « whisky » et le « voleur », envers les « orphines » ou… comme moi. Il y a des choses que le Maître aime en eux, et ça ça viendra, ça viendra enfin ; ils auront une chance — quelque part. »

Margret ne parlait pas ; laissez la pauvre fille sangloter en silence. Qu'avait-elle à voir avec cet abîme de douleur et de mal ? Sa propre vie supérieure était affamée, contrecarrée. Se pourrait-il que le sang de ses frères ait appelé contre ELLE depuis le sol ? Pas étonnant que la marchande sanglotait, pensa-t-elle, ou qu'elle ait parlé d'hérésie. Ce n'était pas une chose facile de voir une mère se boire jusqu'à la tombe. Et pourtant, était-elle à blâmer ? Son sang virginien était frais et noble ; elle avait appris le conservatisme dès son berceau. Sa vie en Occident ne lui avait pas encore accéléré le pouls. Elle a donc mis de côté tout mystère social ou tout mal auquel elle était confrontée chez cette fille, tout comme vous ou moi l'aurions fait. Elle avait sa propre douleur à supporter. Était-elle la gardienne de son frère ? C'était vrai, il y avait une erreur ; l'âme de cette femme en était brisée ; c'était la faute de son sang, de sa naissance, et la société avait fini l'ouvrage. Où était l'aide ? Elle était libre, et la liberté, disait le Dr Knowles, était le remède à toutes les maladies de l'âme, et...

Eh bien, Lois était silencieuse maintenant, prête à se laisser entraîner dans une dissertation sur les vices et les vertus de Barney, ou sur sa chambre, où « l' air était si fort, et les fruits et légumes restaient tous frais, le meilleur de tous. CETTE ville", dit-elle avec une fierté débordante.

Ils continuaient leur route, tantôt à travers les champs de blé, soit au bord de la rivière, tantôt en longeant les vergers ou les cours de grange des fermes. Les clôtures étaient bien construites, remarqua-t-elle, les granges étaient larges et paraissaient confortables : car ce comté de l'Indiana est habité par des habitants de la Nouvelle-Angleterre, en général, ou par des Pennsylvaniens. Ils laissent tous deux leur empreinte dans les granges ou les champs, je peux vous le dire ! Les deux femmes parlaient tout le temps. De toute sa vie, le Dr Knowles n'avait jamais entendu de cette jeune fille silencieuse des paroles aussi franches et aussi empressées qu'elle disait au colporteur sur des choses mesquines et communes – en partie, comme je l'ai dit, par l'espoir de s'oublier elle-même, et en partie par un vague sentiment d'oubli. curiosité de connaître le monde étrange qui s'ouvrait devant elle dans cette conversation décousue. Il n'y avait aucune ombre morbide dans la vie de Lois, constata-t-elle. Ses douleurs et ses plaisirs étaient intensément réels, comme ceux de sa classe. S'il y avait des pouvoirs latents dans son cerveau déformé, étouffés par le vice héréditaire du sang, ou de l'air vicié et de la vie, elle n'en savait rien. Elle n'a jamais sondé sa propre âme avec un farouche mépris d'elle-même, comme le faisait cette femme tranquille à ses côtés ; elle a plutôt accepté le moment qui passe, avec une vive joie. Pour le reste, il faisait puérilement confiance au « Maître ».

Ce trajet même, maintenant, par exemple, bien qu'elle, la charrette et Barney aient suivi la même routine chaque jour, vous auriez pensé que c'était un nouveau plaisir pour des vacances spéciales, si vous aviez vu l'abandon parfait avec lequel ils tous se sont jetés dans le plaisir de la chose. Non seulement les tas de tomates rubis et de maïs dans leurs délicats boyaux verts tremblaient et brillaient comme s'ils jouissaient de la lumière fraîche et de la rosée, mais le vieil âne dressait les oreilles, courbait son cou décharné et essayait de ressembler à lui. un chargeur plein d'entrain comme il le pouvait. Ensuite, tout le monde sur la route connaissait Lois, et elle connaissait tout le monde, et il y avait une sympathie mutuelle et des plaisanteries perpétuelles, pas très raffinées peut-être, mais chaleureuses et gentilles. C'était une nouvelle facette de la vie pour Margret. Elle n'avait pas le temps de penser au sacrifice de soi ou à la chevalerie, ancienne ou moderne, de l'observer. C'était une promenade très chargée, - quelque chose à faire dans chaque ferme : un panier d'œufs à emporter, ou quelques aubergines, peut-être, que Lois posait côte à côte, remarqua Margret, - les boules blanches nacrées se ferment. au tas de pourpre royale. Peu importe la taille du panier vers lequel elle s'arrêtait, il en sortait deux ou trois pour le mettre dedans ; car Lois et sa charrette étaient l'événement de la journée pour les fermes solitaires. La femme sortait, le visage enflammé du four, avec une charge anxieuse à propos de ce beurre ; le vieil homme l'appelait de la grange pour savoir « si elle avait pensé à regarder dans le courrier hier » ; » et l'un ou l'autre ajouterait sûrement : « C'est l'heure du petit-déjeuner pour Jes , Lois. Si elle n'avait pas de paniers pour s'arrêter, elle avait « un peu d'affaires », qui se révélaient être un papier qu'elle avait apporté pour le grand-père, ou de la menthe fraîche pour le bébé, ou des « je » pour en savoir plus . famille ."

Quant à la quantité transportée par ce chariot, c'était un mystère perpétuel pour Lois. Chaque jour depuis qu'elle et la charrette s'étaient associées, elle se rendait en ville avec la certitude, dans l'esprit des spectateurs, qu'elle tomberait en panne dans cinq minutes, et une foi triomphante en sa capacité d'endurance illimitée. "Ce chariot sera à l'endroit dans quatre années encore", affirmait-elle en secouant la tête. " Il n'a pas plus l'idée d' abandonner que moi ni Barney, pas du tout." Margret avait des doutes, et vous aussi, si vous aviez entendu comment elle craquait sous le chargement, comment elles s'entassaient dans de grandes paniers de paille remplis de pommes : des pommes noires au cœur jaune, veinées d'écarlate, des pommes reinettes dorées qui contenaient le poids. la chaleur et la lumière les plus longues, les pommes rousses avec un rougissement chaud sur leur peau brune et rugueuse, les prunes brillantes froidement dans leur délicate fleur pourpre, les pêches au velours cramoisi de leurs joues embrasées par la chaleur prisonnière de cent jours d'été.

J'aimerais de tout mon cœur que quelqu'un me peigne Lois et son chariot ! M. Kitts, l'artiste de la ville à l'époque, avait l'habitude de le voir passer chaque jour devant sa chambre près des mines de charbon et y réfléchissait sérieusement. Mais il avait alors sous la main sa grande pièce de bataille , et après cela il suivit le chemin de tous les génies et s'éteignit comme coloriste pour photographe. Il les rencontra ce jour-là, près de la carrière de pierre, et toucha son chapeau en rendant le "Bonjour" à Lois et lui prit quelques grosses papayes . C'était une femme, voyez-vous, et il avait certaines des idées démodées des maîtres d'école sur les femmes. C'était une âme maladive. Un jour, Lois l'avait entendu dire qu'il y avait des papayes chez sa mère dans l'Ohio ; alors après cela, elle lui en apportait toujours chaque jour. Elle faisait partie de ces gens qui doivent donner, si ce n'est rien de mieux qu'une banane du Kentucky.

Après avoir dépassé la carrière de pierre, ils laissèrent la campagne derrière eux et descendirent les collines couvertes de chaume qui clôturaient la ville. Même dans les rues étroites et à travers les entrepôts, l'air fort et rosé avait complètement balayé le brouillard et la poussière. Le matin (le matin de la ville, certes, mais le matin quand même) brillait dans les carreaux rouges des fenêtres, dans la fumée qui s'élevait dans l'air glacial, dans les visages très brillants des gens qui se précipitaient vers le marché, le nez pincé de bleu et les yeux bleus. arroser à froid. Lois et sa charrette, fraîches du souffle de la campagne, n'étaient pas si déplacées, après tout. Les femmes de chambre laissaient les marches à moitié nettoyées et l'aidaient à mesurer le maïs et les haricots, en bavardant avec avidité ; les vendeurs de journaux "Hi-d!" envers elle d'une manière amicale et condescendante ; des femmes en noir rouillé, aux visages pointus et pâles, hissaient sur la roue leurs paniers, dans lesquels gisaient habituellement un morceau de flitch décharné, leurs négociations chuchotées se terminant le plus souvent par un faible « Merci, Lois ! » – car elle vendait moins cher. pour certaines personnes que sur le marché.

Lois était Lois en ville ou à la campagne. Un pouvoir subtil résidait dans le corps grossier et déformé, dans le visage suppliant de l'enfant, pour susciter, partout où ils allaient, le même sourire curieux et bienveillant. Non pas, je pense, cet œil muet et pathétique, commun à la difformité, qui crie : « Aie pitié de moi, ô mon ami, car la main de Dieu m'a touché ! » — un charme plus profond et plus puissant, plutôt : une confiance en moi. dans les fragments souillés de son cerveau, même aux heures les plus amères de sa vie nue, une foi , une foi en Dieu, une foi en son prochain, une foi en elle-même. Aucune âme humaine n'a refusé de répondre à son appel. Au fond des ruelles sombres, chez les plus vils des misérables noirs et blancs qui se pressaient parfois autour de sa charrette, il y avait un sentiment de fierté indéfinie à protéger ce misérable dont la part de vie était plus maigre et plus basse que la leur. Quelque chose en eux luttait pour rencontrer la confiance dans les yeux pitoyables, quelque chose qui dédaignait de trahir cette confiance, une puissance semblable à celle du Christ dans leurs âmes, étouffées, mourantes, sous la saleté de leur vie et la terreur de l'enfer. Il y a quelque chose en eux qui ne doit jamais être perdu. Si le Grand Esprit d'amour et de confiance vit, il n'est pas perdu !

Même dans le froid et le calme de la femme qui marchait à ses côtés, il était sain de renforcer le pouvoir domestique du pauvre bonimenteur. Margret la quitta et s'engagea dans la rue bondée menant au quartier de la ville où se trouvaient les usines. La foule d'hommes et de femmes au visage inquiet se bousculait et se bousculait, mais elle les traversait avec un cœur différent de celui d'hier . D'une manière ou d'une autre, les fantaisies morbides avaient disparu : elle était profondément vivante ; la vie grossière et réelle de ce colporteur l'enflammait, touchait son sang avec un stimulus plus vital que n'importe quelle histoire de croisé. Alors qu'elle parcourait le labyrinthe tortueux de ruelles crasseuses, elle entendit au loin la petite cloche craquelée de Lois : cela lui faisait penser à une chanson de Noël. Elle sourit à moitié, se rappelant comment parfois, dans son cerveau malade, le monde lui avait semblé une Danse de Mort grise et lugubre. Comme c'était réel aujourd'hui , chaleureux, vigoureux, vivant de travail honnête, de larmes et de plaisir ! Un monde vaste et bon dans lequel vivre et travailler, souffrir ou mourir, si Dieu le voulait , — Dieu, le Bon !

CHAPITRE IV.

Elle entra dans la vaste et sombre usine ; la poussière de laine , l'air moite des cuivres étaient plus faciles à respirer ; le bureau exigu et sordide, le travail, de simples bagatelles dont on peut rire ; et elle se penchait sur le grand livre aux lignes dures avec une sincère bonne volonté, pendant les heures lentes et rampantes de la longue journée. Elle remarqua que le malheureux poulet réjouissait son cœur devant un morceau de terre fraîche recouverte de mousse humide. Le Dr Knowles s'arrêta pour le regarder quand il arriva, la dépassant avec un signe de tête maussade.

" Alors ton maître ne t'a pas oublié", grogna-t-il, tandis que la vieille poule aveugle levait un œil vers lui.

Pike, le gérant, avait apporté quelques factures.

"Qui est son maître ?" dit-il curieusement en s'arrêtant près de la porte.

" Holmes, il le nourrit tous les matins."

Le Docteur prononça ces mots avec un ricanement sourd, observant le visage froid penché sur le bureau pendant ce temps.

Pike rit.

" Bah ! c'est donc la première chose qu'il a jamais nourrie, à part lui-même. Les poules doivent être plus près de son cœur que les hommes. "

Knowles lui lança un regard renfrogné ; il n'avait aucune envie des ragots calomnieux de Pike.

Le visage calme était impassible. Lorsqu'il entendit le pied du manager sur l'échelle à l'extérieur, il la testa à nouveau. Il avait un vague soupçon qu'il était déterminé à vérifier.

"Holmes", dit-il négligemment, "a une affinité pour les animaux. Ce n'est pas étonnant. Adam devait être un homme comme lui, lorsque le Seigneur lui a donné la domination sur les poissons de la mer et sur les oiseaux du ciel. .'"

La main s'arrêta courtoisement un instant, puis reprit son mouvement rapide et calme sur la page. Il n'était pas déconcerté.

"Si la maîtrise existait, cet homme serait né pour gouverner. Pike aura plus de mal à le tromper que moi lorsqu'il prendra possession d'ici."

Elle leva les yeux maintenant.

"Il est venu ici pour prendre ma place dans les usines, me racheter, les articles seront signés dans un jour ou deux. Je sais ce que vous pensez, non, ça ne vaut pas un dollar. Seulement des cerveaux et une âme, et il les a vendus à un prix élevé, il y a mis tout son cœur, l'acheteur étant une dame. C'était léger, j'imagine , il est mort de faim depuis longtemps.

Les paroles du vieil homme jaillirent avec l'amertume du mépris. La jeune fille écouta avec une froide incrédulité dans les yeux et se remit à son travail.

"Mlle Herne est la dame, la fille de mon associé. Herne et Holmes, ils appelleront l'entreprise. Il est ici tous les jours, comptant les bénéfices futurs."

Rien ne se lisait sur le visage ; il la quitta donc, maudissant en allant les hommes qui se mettaient aux enchères, pires que les esclaves d'Orléans. Margret se moquait de sa passion ; quant à l'histoire qu'il insinuait, elle était absurde. Elle l'a oublié en un instant.

À ce moment-là, deux ou trois messieurs, dans l'une des salles de comptage, regardaient l'histoire sous un autre point de vue. Ils parlaient à voix basse, hors de portée des greffiers.

"C'est une bonne chose pour Holmes", dit l'un d'eux, un homme costaud aux allures de fermier, qui choisissait des spécimens de laine.

"Pas cher. Et un crédit long. Seulement la moitié du souci qu'il prend."

"Il y a une dame dans cette affaire ?" » suggérait un jeune médecin qui, du fait d'avoir passé six mois dans le Sud, laissait tomber ses rs et parlait de « négros » à faire dresser les cheveux sur la tête d'un Géorgien.

"Une dame dans l'affaire ?"

"Bien sûr. Seul enfant de Herne. IL descend avec la poussière comme dot. Bonne chose pour Holmes. ' Stonishin ' comment il a gravi les échelons. Si l'argent est ce qu'il veut dans ce monde, il fait un grand pas maintenant à cela.

Le jeune docteur alluma son cigare en affirmant que...

"Ba George, quelques gens bas se sont vraiment bien entendus ! Mary Herne, maintenant, était la meilleure prise de la ville."

"Pensez-vous que l'argent est ce qu'il veut ?" dit un petit homme tranquille, assis paresseusement sur un tonneau, un ecclésiastique, Vandyke ; avec qui ses frères ecclésiastiques secouaient la tête lorsqu'ils nommaient, mais avec lesquels ils ne discutaient jamais et s'inclinaient avec une déférence peu commune.

L'acheteur de laine hésita, d'un air perplexe.

"Non," dit-il lentement; "Stephen Holmes n'est pas avare. Je le connais depuis tout petit. Pour acheter une place, du pouvoir, peut-être, hein ? Mais pas ça non plus", a-t-il ajouté précipitamment. "Nous pensons à lui à notre manière (autodidacte, voyez-vous) et nous lui aurions eu la meilleure fonction de l'État avant cela, seulement il était si maudit indifférent."

"Indifférent, oui. Aucun homme ne se soucie beaucoup des tremplins en lui-même", dit Vandyke, à moitié pour lui-même.

"Grande faute de la société américaine, notamment occidentale", estime le jeune aristocrate. "Les tremplins sont bas, comme le suggère mon révérend ami; l'impudence monte; le mérite et le raffinement méprisent ces sentiers sales", - avec un triste souvenir du dernier sou dans la poche de son gilet.

" Mais est-ce que vous, " s'écria le fermier avec une soudaine solennité, " comprenez-vous ce plan de Knowles ? Chaque dollar qu'il possède est dans ce moulin, et chaque dollar va dans quelque château en l'air qu'aucun homme sensé ne peut atteindre. " comprendre."

« Fou comme un lièvre de mars », murmura le docteur avec mépris.

Son révérend ami le regarda , après quoi il se tut.

"Je souhaite au Seigneur que quelqu'un l'en dissuade", a persisté l'homme à la laine, regardant sérieusement le visage attentif de son auditeur. "Nous ne pouvons pas épargner le cerveau ou le cœur du vieux Knowles pendant qu'il se ruine. C'est une sorte de fraternité communiste : je ne connais pas le nom, mais je connais la chose."

Un bon sens très dur brillait alors dans ses yeux à l'égard du pasteur, qu'il soupçonnait d'être l'un des complices de Knowles.

"Il y a deux manières pour eux de finir. S'ils sont fabriqués à partir des sommets de la société, ils deviennent si raffinés, si idéalisés, que chaque particule s'envole sur son propre chemin spécial vers le soleil, et la Communauté s'effondre. et s'ils sont faits de la boue inférieure, ils continuent à descendre, ensemble, — ils vivent pour boire et manger, et se rapprochent le plus possible des brutes. Ce n'est pas facile à croire, Monsieur, mais c'est vrai. Je l'ai vu. J'ai vu tous ceux que les États-Unis peuvent produire. Ce sont des FAITS, Monsieur ; et les faits, comme le dit Lord Bacon, "sont la base de toute spéculation solide".

La dernière phrase sortit lentement, car les citations n'étaient pas exactement son point fort, mais, comme il le dit plus tard : « Vous voyez, cela a cloué le curé.

Le pasteur hocha gravement la tête.

"Vous ne trouverez pas une telle expérience dans la Bible", a lancé le jeune médecin, faisant allusion à des "choses sérieuses" en guise d'offrande de paix à son révérend ami.

"Un, je crois," sèchement.

"Eh bien," interrompit le fermier en repliant sa laine, "ce n'est ni ici ni là. Cette expérience de Knowles ne ressemble à rien de connu depuis la Création. Son propre plan. Il passe maintenant ses journées à chasser les oiseaux de potence. des tanières de la ville ici, et ils doivent tous être transportés à la campagne pour fonder une nouvelle Arcadia. Quelques hommes et femmes comme lui, mais la majeure partie vient des tanières, je vous le dis. Tout commence sur un terrain équitable et plat. , le célibat perpétuel, la confiance mutuelle, l'honneur , s'élever selon ce qu'il y a en eux, — pah ! ça me rend malade !"

"Le penchant de Knowles pour ce genre de personnes s'explique facilement", balbutia le médecin avec méchanceté. « Du sang, monsieur. Sa mère était une Creek métisse, avec toutes les propensions des peaux-rouges à l'eau de feu et aux « paumes qui démangent ». Le sang coulera. »

"Le voici", murmura malicieusement le lainier . "Non, c'est Holmes", ajouta-t-il après que le médecin ait adopté une posture plus respectueuse et ait regardé autour de lui, effrayé.

Lui, le docteur, se leva pour accueillir les pas de Holmes , « un pauvre type, mais toujours sûr d'être le meilleur chien dans le combat, allant épouser la meilleure prise », etc., etc. Les autres, au contraire. , ont mis leurs chapeaux et sont partis tranquillement dans la rue.

Le jour s'élargit avec chaleur ; les ombres des peupliers de Lombardie se recroquevillaient en une mare paresseuse de noir à leurs racines le long des gouttières sèches. Le vieux maître d'école, à l'ombre des grands marronniers (apportés tous de la ferme du pays piémontais), décortiquait du blé pour sa femme, composant entre-temps une page de son essai sur les "Sirventes de Bertrand de Born". ". Joël, seul dans la grange, travaillait toute la longue journée à l'ancienne mode, méditant gravement (étant d'un tour religieux) sur un sermon du révérend M. Clinche , rapporté dans la "Gazette" ; dans lequel ce disciple du doux Maître invoquait, comme il le faisait une fois par semaine, les malédictions de la loi sur les propriétaires d'esclaves, priant le Seigneur de les balayer immédiatement de la surface de la terre. Cette interprétation de la doctrine chrétienne a été tellement appréciée par Joël et les autres membres éminents de l'église de M. Clinche , qu'ils lui ont laissé entendre qu'il serait peut-être aussi bien de continuer à choisir ses textes parmi Moïse et les Prophètes jusqu'à ce que l'excitation de la journée soit terminée. sur. Le Nouveau Testament n'était... eh bien... guère adapté à cette... urgence ; ne correspondait pas, d'une manière ou d'une autre, à la leçon du moment. Je peux remarquer, en passant, que cette conduite a tellement dégoûté le recteur de la haute église de la paroisse, que non seulement il a ignoré tous les nouveaux démons (comme aurait pu les appeler M. Carlyle), mais il a parlé comme si le millénaire était un nouveau millénaire. fait accompli, et il eut le loisir d'aller marteler les pauvres vieux troubles morts du temps de Luther. Une chose cependant à propos de Joël : alors qu'il se joignait à la pétition de M. Clinche pour "l'extermination" de quelques milliers de personnes, il utilisait tous les fragments de la chaude journée pour réparer une stalle pour un vieux cheval à moitié mort. il avait trouvé au bord de la route.

Peut-être que même si l'ange qui écoutait n'exauçait pas la prière, il avait au moins marqué la stalle, comme quelque chose de fait pour l'éternité.

Margret, malgré l'air étouffant, travaillait seule dans le bureau poussiéreux, le visage penché sur les livres, ne changeant qu'une seule fois. C'était alors une bagatelle ; pourtant, quand elle y repensa par la suite, cette bagatelle était tout ce qui donnait un nom à cette journée. La salle tremblait, comme je l'ai dit, du bruit tonitruant et incessant des machines et des métiers à tisser ; elle l'entendait à peine, étant habituée. Une fois cependant, un autre bruit se fit entendre, un pas de fer traversant le long couloir de bois, si ferme et si mesuré qu'il ressemblait aux battements monotones d'une horloge. Elle l'entendit à travers le bruit au loin ; il s'approcha lentement, jusqu'à la porte extérieure, la dépassa en descendant l'allée de planches qui résonnait. La jeune fille était assise tranquillement, regardant le mur de briques mortes. Le pas lent tombait sur son cerveau comme le sceptre de son maître ; si Knowles l'avait regardée en face à ce moment-là, il aurait vu le secret de sa vie dévoilé. Holmes était passé par là, inconscient de qui se trouvait à l'intérieur de la porte. Elle ne l'avait pas vu ; ce n'était qu'un pas qu'elle entendait. Pourtant une puissance, la puissance de la vie de la jeune fille, secoua tous les masques extérieurs, toutes les imaginations troubles de la surface, et se dressa en elle avec une passion terrible à ce bruit ; son sang brûlait violemment ; son âme regardait dehors, son âme telle qu'elle était, telle que Dieu la connaissait, Dieu et cet homme. Ce n'est plus un visage froid et clair ; on aurait pensé, en le regardant, quel esprit fort serait l'âme de cette femme, si elle était libérée au ciel ou en enfer. L'homme qui le tenait dans ses mains avançait avec insouciance, ne sachant pas que le simple bruit de ses pas l'avait ressuscité comme d'entre les morts. Elle, son droit et sa douleur n'étaient plus rien pour lui maintenant, se souvint-elle, regardant le ciel brûlant et moqueur. Pourtant, la vie soudaine qui s'ouvrait devant elle après son départ était si vide que, dans le désespoir de sa faiblesse, son désir fou de le revoir une fois de plus, elle se serait jetée à ses pieds et aurait laissé le pas froid et lourd lui écraser la vie , — comme il l'aurait fait, pensa-t-elle, en suffoquant le froid glacial qui lui couvrait la gorge, si cela avait servi son dessein, même si cela lui avait coûté la vie à son propre cœur. Il la piétinerait si elle le retenait de son côté ; mais soyez faux envers elle, faux envers lui-même, afin qu'il ne le soit jamais !

Les briques rouges, le bureau poussiéreux recouvert de laine, le misérable poulet qui regardait dehors, devenaient plus nets et plus réels. La vie n'était plus un cauchemar morbide désormais ; son cœur faible de femme le trouvait proche, cruel. Il n'y avait pas une douleur ni un besoin, depuis la question muette dans les yeux du chien qui la croisait dans la rue, jusqu'aux fantaisies désespérées de son père, qui ne la touchaient pas vivement à cause de sa propre perte, avec une vive pitié, un désir sauvage de aider à faire quelque chose pour sauver les autres avec cette pauvre vie laissée entre ses mains.

Ainsi la journée s'écoulait à la ville et à la campagne ; le vieux soleil qui brillait comme un vieux juge farouche, intolérant à la faiblesse et aux impostures, cuisant la terre dure des rues plus durement pour les pieds des chevaux, desséchant les brins d'herbe qui poussaient entre les rochers du caniveau, grattant le sol. peindre les faces d'airain des interminables maisons de briques. Il a regardé dans cette ville, comme dans toutes les villes américaines, comme dans celles où vous et moi vivons, le même labyrinthe innombrable de visages humains qui traversaient jour après jour la même routine monotone. Knowles, traversant les foules agitées, lisait parmi eux avec un œil vif des significations étranges à cette lumière commune du soleil, des significations telles que vous et moi pourrions lire, si nos yeux étaient clairs comme les siens, ou morbides, cela peut être, tu penses? Une foule banale comme celle-là dans la rue au dehors : des femmes aux visages froids et exigeants, des hommes lourds de cerveau et bilieux, des apprentis pimpants, des charretiers, des boxeurs, des nègres. Knowles regardait autour de lui comme dans un chaudron bouillonnant, dans lequel les gens dont je vous parle étaient des atomes, où le sang d'innombrables races était fondu, mais non mélangé, où les croyances, les philosophies, vieilles de plusieurs siècles, se débattaient main dans la main dans leur mort. - la lutte, où d'innombrables objectifs, croyances et pouvoirs intellectuels, étouffés les droits et les torts triomphants, combattirent ensemble, luttant pour la victoire.

La vie américaine vulgaire ? Il pensait que c'était une vie plus puissante, plus tragique dans son histoire et ses prophéties, que toutes celles qui l'ont précédé. Les gens le traitaient de fanatique. Il se peut qu'il en soit un : pourtant le vieillard grossier, malade d'âme à cause de quelque douleur dont je n'ose vous parler ; dans sa propre vie, a plongé dans les profondeurs de la perte humaine avec un désir fou d'y remédier. Sur les visages mêmes de ceux qui se moquaient de lui, il trouvait une trace d'échec, quelque chose que son cœur portait vers Dieu avec un cri fort et extrêmement amer. La voix du monde, pensait-il, montait jusqu'au ciel en discorde, inintelligible, désespérée, — le grand monde aveugle, égaré depuis les premiers âges ! N'y avait-il aucun espoir, aucune aide ?

Le soleil brillait, comme il le faisait depuis six mille ans ; elle éclairait les problèmes ouverts de la vie de ces hommes et de ces femmes, de ces chiens et de ces chevaux qui parcouraient les rues, des problèmes dont aucun œil ne pouvait lire la fin et le début. Il y avait des endroits où cela ne brillait pas : là-bas, dans les caves fétides, dans les cellules gluantes de la prison là-bas : à quelles énigmes de la vie il n'osait pas penser. Dieu sait comment l'homme cherchait à tâtons la lumière, la moindre voix qui lui éclaircissait la terre et le ciel.

Il y avait une autre lumière par laquelle le monde était vu ce jour-là, plus rare que le soleil et plus pure. Elle tomba sur les foules denses, sur les justes et les injustes. Il entra dans les brouillards des tanières fétides d'où la lumière la plus grossière était barrée, dans les bourbiers les plus profonds du corps où une âme pouvait se vautrer, et les rendit clairs. Il éclairait les profondeurs des cœurs dont les hommes voulaient lire la douleur et la passion extérieures sous le soleil impitoyable, et révélait dans ces profondeurs les faibles tâtonnements pour le bien, l'espérance aimante, la prière inexprimée. Aucune pensée bienveillante, aucun désir pur, aucune foi la plus faible en un Dieu et un paradis quelque part, ne pourrait être si étouffée par la culpabilité que cette lumière subtile ne la scrute, ne brille autour d'elle, ne brille sous elle, ne la tienne à la vue de Dieu. et les anges, éclairant le monde autrement que le soleil ne l'avait fait depuis six mille ans. Je n'ai pas de nom pour la lumière : elle a un nom, là- bas. Peu d'yeux étaient clairs pour voir son éclat ce jour-là ; et s'ils le faisaient, c'était comme à travers un verre, dans l'obscurité. Mais il nous appartenait aussi, autrefois, le temps où les hommes pouvaient « entendre la voix du Seigneur Dieu dans le jardin, à la fraîcheur du jour ». C'est la lumière de Dieu désormais seule.

Pourtant, Lois a cu un léger aperçu, je pense parfois, à sa clarté céleste. Je pense que c'est cette lumière qui a rendu les feux de Noël plus chauds pour elle que pour les autres, qui lui a montré tout l'amour, l'honnêteté franche et les ébats chaleureux que ses yeux voyaient perpétuellement dans le vieux monde chaleureux. Ce soir-là, alors qu'elle était assise sur le perron de sa cabane, tricotant un grand bas bleu, son visage balafré et son corps difforme très pitoyable pour les passants, c'est cela qui donnait à son visage son sourire simple et joyeux. Ses yeux étaient prompts à reconnaître le message dans la profondeur des couleurs du ciel du soir, ou même dans les teintes vacillantes de la plante grimpante verte sur le mur avec ses cornes d'abondance cramoisies remplies de reflets brûlants. Elle aimait les couleurs claires et vitales , cette fille, les pourpres et les bleus. Ils lui ont répondu, d'une manière ou d'une autre. Ils pouvaient parler. Il y avait des choses dans le monde qui, comme elle, étaient gâchées, ne comprenaient pas, avaient soif de savoir : le ciel gris, les rues boueuses, les lichens fauves. Elle pleurait parfois en les regardant, sans savoir pourquoi : elle ne pouvait s'en empêcher, avec un vague sentiment de perte. Il leur semblait alors si triste d'être en vie, ou pour elle. D'autres choses, ses yeux étaient plus prompts à voir que les nôtres : des lignes délicates ou grandioses, qu'elle recherchait sans cesse inconsciemment , — dans les choses les plus intimes, l'enroulement très doux du fil de laine entre ses doigts, comme dans l'éternelle sculpture des montagnes. Était-ce la maladie de son cerveau blessé qui rendait toutes choses vivantes pour elle, qui lui faisait regarder, à sa manière ignorante, les collines graves, les rivières étincelantes et victorieuses, regarder pitoyablement le visage d'un chien affamé ou d'un champignon crasseux ? foulé dans la boue avant même d'avoir vécu, tout comme nous devrions regarder les visages humains pour savoir ce qu'ils nous diraient ? Était-ce la faiblesse et l'ignorance qui rendaient tout ce qu'elle voyait ou touchait plus proche, plus humain d'elle que de vous ou de moi ? Elle ne s'est jamais habituée à vivre comme les autres ; ces images et ces sons ne lui venaient pas à l'esprit commun, éculés. Pourquoi, parfois, dans les collines, dans le calme torride des midis d'été , elle s'agenouillait au bord des bassins ombragés et enfouissait ses mains dans les grands parterres endormis de nénuphars, le sang se glaçant dans une langueur fiévreuse, une transe passionnée. , d'où elle se réveilla, faible et fatiguée.

Elle n'avait aucun sens artistique, cette Lois, elle ne connaissait rien des lois de la nature, comme vous. Pourtant, parfois, regardant la mer sombre de la prairie monter et descendre dans la lumière cramoisie du petit matin, ou, dans les fermes, respirant l'air bleu en tremblant vers le ciel, exultant de la vie des oiseaux et de la forêt, elle oubliait la pauvre chose infâme. elle l'était, un poids grossier tomba, et quelque chose à l'intérieur, pas la Lois maladive du moulin, sortit, libre, comme un exilé rêvant de son foyer.

Vous me dites que, sans doute, dans l'épave du cerveau de la créature, il y avait des fragments de quelque intuition artistique qui la faisaient ainsi s'élever au-dessus du niveau de sa vie quotidienne, ivre de la simple beauté des formes et des couleurs . Je ne sais pas, ne sachant pas à quel point ce que vous entendez par perspicacité artistique est factice ou réel. Mais je sais que la claire lumière dont je vous ai parlé brillait faiblement pour cette fille à travers cette beauté de forme et de couleur ; vivant. La Vie, plutôt ; et ignorante, sans mots pour exprimer ses pensées, elle y croyait comme le plus haut qu'elle connaisse. Je pense que cela lui est venu ainsi dans un langage imparfait (pas un spectacle extérieur de teintes et de lignes, comme pour les artistes), - un langage, le même que celui que Moïse entendait lorsqu'il se tenait seul, sans rien entre son âme nue et Dieu, mais le désert, la montagne et le buisson brûlant de feu. Je pense que l'âme faible de la jeune fille est sortie de son cachot en titubant et a parcouru à tâtons ces collines aux sourcils épais, ces rêves colorés , à travers les visages de chiens ou d'hommes dans la rue, pour trouver le Dieu qui se trouvait derrière. Ainsi, elle a vu le monde, et sa beauté et sa chaleur étant divines à mesure qu'elle était proche d'elle, la chaleur et la beauté sont devenues réelles en elle et ont trouvé leur reflet dans sa vie quotidienne. Elle connaissait donc aussi le Maître en qui elle croyait, le voyait dans tout ce qui vivait, plus réel que tout le reste. La terre qui attendait, le ciel prophétique, le ver lui-même dans le caniveau n'étaient qu'une partie de cet homme, quelque chose venu lui parler de Lui, — sentit-elle vaguement ; mais, comme je l'ai dit, elle n'avait pas de mots pour exprimer une telle pensée. Pourtant, c'est encore plus réel que cela. Il n'y avait aucune douleur ni tentation dans ces caves sombres où elle allait qu'Il n'ait supportée, pas une seule. Ni elle ni les autres n'ont ressenti le moindre plaisir, pas même un feu joyeux, ou des paroles aimables, ou un rire chaleureux et chaleureux, dont elle ne savait pas qu'Il l'avait envoyé et qu'il était heureux de le faire. Elle le savait bien ! C'est ainsi qu'Il participa à son humble vie quotidienne et devint chaque jour plus réel pour elle. Sa vie donnait des ombres très simples de sa lumière, car c'était la sienne : simple, à cause de sa mauvaise façon de vivre et de la profondeur à laquelle le pied lourd du monde l'avait écrasée. Pourtant, ils étaient là tout le temps, dans sa joyeuse patience, si rien de plus. Ce soir, par exemple, combien la foule grandissante lui semblait différente de ce qu'elle faisait à Knowles ! Du haut de ses hautes marches, elle le regardait avec un vif intérêt, prête avec son rire faible et timide à répondre à tout appel amical venant d'en bas. Elle n'avait pas le pouvoir de les considérer comme des types de grandes classes ; c'étaient autant de personnes vivantes, qu'elle connaissait et qui, pour la plupart, avaient été gentilles avec elle. Quel que soit le bien qu'il y avait dans le visage le plus vil (et il y avait toujours quelque chose), elle était sûre de le voir. La lumière rendait ses pauvres yeux forts pour cela.

Elle aimait s'asseoir là le soir, seule, sans jamais se sentir seule ; il y avait tellement de choses agréables à regarder et à écouter, alors que le crépuscule brun et frais apparaissait. Si, comme le pensait Knowles, le monde était une morne discorde, elle n'en savait rien. Les gens quittaient maintenant leur travail, — ils avaient d'ailleurs le temps de parler et de plaisanter, — s'arrêtaient ou marchaient lentement dans les ombres fraîches du trottoir ; tandis que çà et là, un rayon de soleil rouge et persistant brunissait une fenêtre ou traversait la rue grise pavée de rochers. Des maisons voisines, on pouvait sentir une légère odeur de dîner : il y avait des gens très sympathiques dans ces maisons ; elle les connaissait tous bien. Les enfants sortaient le visage lavé pour jouer, maintenant que le soleil était couché : les plus âgés d'entre eux venaient généralement s'asseoir avec elle et écouter une histoire.

Une fois la nuit tombée, on voyait les filles dans leurs calicots bleus soignés se promener dans la rue avec leurs amoureux pour une promenade.

Il y avait le vieux Polston et son fils Sam qui revenaient des mines de charbon, noirs comme de l'encre, avec leurs petites lanternes de fer blanc sur leurs casquettes. Au bout d'un moment, Sam sortait dans son costume de jean Kentucky, le visage brillant de savon, et descendait penaud chez Jenny Ball, et le vieil homme sortait sa pipe et sa chaise sur le trottoir, et sa femme s'asseyait dessus. les marches. Très probablement, ils appelleraient Lois, ou viendraient eux-mêmes, car ils formaient le vieux couple le plus sociable et le plus confortable que vous ayez jamais connu. Il y avait un grand arrêt à la porte de Lois, alors que les filles passaient, pour un bouquet de fleurs qu'elle avait ramené de la campagne, ou des bouquets, comme ils les appelaient (Sam n'en apporterait jamais à Jenny, sauf "vieil homme" et roses). ,) et elle les avait toujours prêts dans des pichets cassés à l'intérieur. C'étaient des filles bonnes et gentilles, chacune d'entre elles, elles avaient pris à tour de rôle la surveillance de Lois l'hiver dernier, pendant qu'elle souffrait de rhumatismes. Elle n'a jamais oublié cette époque, jamais une seule fois.

Plus tard dans la soirée, on voyait arriver, près du mur, un homme, la tête baissée, le même que Margret avait vu au moulin, un homme brun, aux cheveux gris et fins, Joe Yare, le vieux père de Lois. Personne ne lui parlait, on détournait toujours le regard sur son passage ; et si le vieux M. ou la vieille Mme Polston étaient sur les marches quand il arrivait, ils diraient : « Bonsoir, M. Yare », très formellement, et s'en iraient sur-le-champ. Cela blessa Lois plus que tout ce qu'ils auraient pu faire d'autre. Mais elle s'affairait bruyamment pour qu'il ne s'en aperçoive pas. S'ils voyaient sur son ancien visage les marques de la mauvaise vie qu'il avait vécue, ce n'était pas le cas de elle ; ses yeux tristes et incertains étaient peut-être malhonnêtes à leur égard, mais ils n'étaient que bons pour la petite âme difforme qu'il embrassait si chaleureusement avec un « Eh bien, voilà, ma petite fille ! Personne d'autre au monde ne l'a jamais appelée par un surnom.

Parfois il était sombre et silencieux, mais en général il lui racontait tout ce qui s'était passé dans le moulin, en particulier les petits mots d'attention ou d'éloges qu'il aurait pu recevoir, l'observant avec anxiété jusqu'à ce qu'elle en rie, puis se frottant joyeusement les mains. Il n'aurait pas dû douter de la confiance de Lois en lui. Quoi que fassent les autres, elle croyait en lui ; elle avait toujours cru en lui, pendant toutes les années sombres, quand il était à la maison et au pénitencier. Ils étaient partis maintenant, pour ne jamais revenir. C'était bien arrivé. Si les autres lui faisaient du tort, et cela la blessait amèrement, cela s'arrangerait aussi un jour , pensait-elle, en regardant le visage fatigué et maussade du vieil homme penché vers la vitre, effrayé de partir. dehors. Mais ils y dînèrent seuls, très gais, dans une petite pièce étrange et nue, aussi simple et propre que Lois elle-même.

Parfois, tard dans la nuit, quand il était couché, elle s'asseyait seule sur le seuil de la porte, pendant que le clair de lune tombait à larges bandes sur la place et que les grands peupliers se dressaient comme des géants chuchotant ensemble. Pourtant, les bruits lointains de la ville revenaient joyeusement, tandis qu'elle pliait son tricot, il faisait sombre, pensant à quel point cette journée heureuse était une fin heureuse. Quand le calme redevenait calme, elle pouvait entendre le murmure solennel des peupliers, et parfois des accords brisés de musique de la cathédrale de la ville flottaient à travers le froid et le clair de lune devant elle, au loin dans le bleu au-delà des collines. Tout le plaisir vif de la journée, les images et les sons chaleureux et lumineux, si grossiers et simples qu'ils fussent, semblaient se fondre dans la musique grave et en faire une partie.

Pourtant, assise là, regardant la nuit qui l'écoutait, le visage de la pauvre enfant pâlit lentement à mesure qu'elle l'entendait. Cela l'a humiliée. Cela lui rendait si clairement sa méchanceté, sa vie basse et faible ! Il n'y avait aucune douleur ni faim qu'elle ait connue qui ne trouvât une voix dans son cri articulé. ELLE! qu'était-elle ? La douleur et les désirs du monde doivent monter vers Dieu dans ce son, pensa-t-elle. Il y avait quelque chose de plus là -dedans, une signification inconnue d'un contenu immense que son cerveau brisé avait du mal à saisir. Elle ne pouvait pas. Son cœur lui faisait mal à cause d'un désir sauvage et agité. Elle n'avait pas de mots pour comprendre cette faim vague et insatiable. C'était peut-être parce qu'elle était ignorante et basse ; d'autres pourraient le savoir. Elle pensait que son Maître parlait. Elle pensait que la Joie inconnue reliait la terre et le ciel ensemble, et cela était clair. Alors elle cacha son visage dans ses mains et écouta, tandis que la basse harmonie frissonnait dans l'air, inaperçue des autres, avec le message de Dieu à l'homme. Elle ne comprend peut- être pas, la pauvre fille, et elle a encore faim de savoir. Pourtant, quand elle leva les yeux, il y avait des larmes chaudes dans ses yeux, et son visage marqué était brillant d'un contenu et d'un amour tristes et profonds.

Ainsi, la longue et chaude journée était terminée pour eux tous, — passée comme des milliers de jours l'ont fait pour nous, disparue, oubliée : comme cette longue et chaude journée que nous appelons la vie se terminera un certain temps et descendra dans le gris et le froid. Certes, quel que soit le chagrin ou la douleur qui ait pu rendre l'obscurité de ce jour-là pour vous ou pour moi, il y avait d'innombrables ouvertures où nous aurions pu apercevoir cette autre lumière que le soleil : la lumière de ce grand Demain, de la terre où tous les torts seront réparés. Si nous avions choisi de le voir, si seulement nous avions choisi !

CHAPITRE V.

Maintenant que j'en suis arrivé à la partie amoureuse de mon histoire, je prends soudain conscience des couleurs communes et ternes sur la palette avec laquelle j'ai peint. J'aurais aimé avoir des teintures brillantes. J'aimerais, de tout mon cœur, pouvoir vous ramener à ce « Il était une fois » dont se réjouissaient les âmes de nos grands-mères, — le moment où le Dr Johnson restait éveillé toute la nuit pour lire dans « Evelina » — le temps où toutes les vertus célestes, toutes les grâces terrestres se révélaient condensées à l'homme à travers les yeux bleus et les draps somptueux de quelque Belinda Portman ou Lord Mortimer. Aucun de vos méchants au bon cœur et terriblement tentés alors ! Cela vous faisait dresser les cheveux rien que de les lire, d' aller perpétuellement à la recherche de jeunes filles innocentes et de vieillards naïfs à dévorer. C'était le moment de soutenir la vertu et le vice ; aucune difficulté alors à voir lesquels étaient des moutons et lesquels étaient des chèvres ! Une personne pourrait alors écrire une histoire avec une morale, je l'espère ! Les gens qui étaient nés à cette époque n'avaient pas envie de parcourir le monde avec des personnages moitié-moitié, comme nous le supportons ; ainsi la nature a produit des spécimens complets de chaque classe, avec tous les appendices de l'habillement, de la fortune, et cetera, s'accordant décemment. L'héroïne entre dans la vie pleine de rang, de vertus, d'un nom à trois syllabes et d'une robe blanche qui n'a jamais besoin d'être lavée, prête à naviguer à travers des dangers terribles vers un havre triomphant du mariage ; tous les aristocrates ont le front haut et le front froid. yeux bleus; tous les paysans sont des vieilles femmes miraculeusement reconnaissantes, vêtues de jolis tabliers à carreaux, ou des insurgés aux sourcils maussades planifiant des révoltes dans des grottes.

Bien sûr, je ne veux pas dire que ces temps sont révolus : ils sont vivants (de manière moderne) dans de nombreux endroits du monde ; certains de mes amis les ont décrits en prose et en vers. Je veux seulement dire que je n'y ai jamais été ; Je suis né malchanceux. Je suis prêt à faire de mon mieux, mais je vis dans la banalité. Une ou deux fois, je me suis essayé témérairement à de sombres conspirations et à des femmes rares et radieuses dans les berceaux italiens ; mais j'ai un ami qui ne manquera pas de dire : « Essayez de nous parler du boucher d'à côté, ma chère. Si je lève les yeux de mon journal maintenant, je verrai aussi bien notre chien et son chenil que le ciel blanc taché de sang et de pourpre tyrienne. Je n'ai jamais vu un saint ou un pêcheur de sang pur de ma vie. Le méchant le plus froid que j'aie jamais connu était le fils unique de sa mère, et elle était veuve, et aucun fils plus gentil n'a jamais vécu. Il y a sans doute des gens capables d'un amour terrible par sa force ; mais je n'ai jamais connu de cas où quelqu'un ne considérât pas son opportunité comme « une allumette » à la lumière des dollars et des centimes.

Quant aux héroïnes, bien sûr j'ai vu des femmes belles, et aussi belles que belles. La plus belle est assez délicate et pure pour un type de Madone, et a un cœur presque aussi chaleureux et saint. (Il y a aussi du sang très pur dans ses veines, si le sang vous tient à cœur.) Mais à la maison, on l'appelle Tode pour son surnom ; tout ce que nous pouvons faire, elle chantera, et chantera par le nez ; et les jours de lessive, elle prépare souvent le dîner et gronde sainement si les serviettes à thé ne sont pas en ordre. Maintenant, que faire avec une héroïne pareille ? J'ai connu en abondance des vieilles filles, avec du pathétique et du soleil dans leur vie ; mais la vieille fille des romans que je n'ai jamais rencontrée, qui abandonnait son âme aux commérages, ni l'autre type, une martyre du altruisme toute sa vie. Elles sont généralement mixtes, et un peu comme leurs sœurs mariées, autant que je sache. Quant aux hommes, je connais certainement des héros. Je connaissais un homme aussi haut chevalier de cœur que n'importe quel Bayard de tous ; une de ces âmes simples et douces comme une femme, tendres en honneur chevaleresque . C'était un vieil homme, avec un manteau brun rouille et une perruque plus rouille, qui passait sa vie dans un bureau de village miteux. Vous, les poètes, vous auriez ri de lui. Eh bien, son histoire ne sera jamais écrite. Les yeux bleus, gentils et tristes, sont maintenant fermés. Il y a une petite ferme-cimetière envahie de troènes et de vignes sauvages, et une tombe aplatie où il a été enterré ; et seuls quelques-uns de ceux qui l'ont connu lorsqu'ils étaient enfants se soucient d'y aller et de penser à ce qu'il était pour eux. Mais ce n'est pas seulement dans les jours lointains de la chevalerie, je pense, que des âmes vraies et fières se sont trouvées indésirables dans le monde et, blessées jusqu'au vif, se sont détournées et sont mortes bêtement. Qu'il en soit ainsi. Leurs vies ne sont pas perdues, Dieu merci !

Je voulais seulement vous demander : comment puis-je y remédier, si les personnages de mon histoire vous paraissent grossiers , si le héros, contrairement à tous les autres héros, s'est arrêté pour compter le prix avant de tomber amoureux, si cela lui a fait perdre du temps. les doigts frémissent de plaisir en touchant un portefeuille plein ainsi que la main de sa maîtresse, sans compter que ce Stephen Holmes est un homme à mépriser ? Un héros plutôt d'un type particulier, un homme plus que les autres hommes : le moule même de l'homme, doutez-en qui veut, que les femmes aiment le plus longtemps et le plus follement. Bien sûr, si je le pouvais, j'aurais effacé toute méchanceté avant de vous le montrer ; Je vous aurais dit que Margret était une femme impétueuse, pleine d'âme, heureuse de donner sa vie pour son père, sans une pensée amère pour l'épouse et la mère qu'elle aurait pu être ; J'aurais peint sa mère tendre (telle qu'elle était), oubliant à quel point elle devenait mesquine dans les jours de grande activité : mais que puis-je faire ? Je dois vous montrer les hommes et les femmes tels qu'ils sont dans cet État particulier de l'Union où je vis. Dans tous les autres, bien entendu, c'est très différent. Maintenant que vous vous préparez à la déception, verrez-vous mon héros ?

Il était sorti de la ville pour une promenade matinale, non pas à travers les collines, comme Margret le faisait pour rentrer chez elle, mais de l'autre côté, jusqu'à la rivière, d'où l'on pouvait voir la prairie. Nous sommes dans l'Indiana, rappelez-vous. La lumière du soleil était pure ce matin-là, puissante, sans teinte, véritable vin de vie pour le corps ou l'esprit. Stephen Holmes le savait, étant un homme aux instincts animaux délicats, et il l'utilisait ainsi, tout comme il avait utilisé les haltères le matin. Toutes choses ont été faites pour l'homme, n'est-ce pas ? Il était adossé à la porte de l'école , une maison rouge et éclatante, les torchis du paysage : mais, lui tournant le dos, il ne la voyait pas, alors, à travers ses yeux mi-clos, il souffrait la beauté. de la scène pour agir sur lui. Souffré : chez un homme, selon sa croyance, la volonté étant dominante, et toutes les influences, telles que la beauté, la douleur, la religion, sont autorisées à agir sous les ordres. Bien sûr.

C'était un paysage particulier, à l'image de l'homme qui le regardait, d'un type tout à fait américain. Une chaîne de collines abruptes et sombres, avec une sombre profondeur d'ombre verte dans les fentes, et sur les côtés des forêts massives d'écarlate, de flamme et de pourpre. Au-dessus, les pics acérés de pierre s'élevaient dans le bleu pâle, eux-mêmes pâles et pâles, et arboraient un certain air de calme fixe, le type d'un calme éternel. Au pied des collines se trouvait la ville, une masse sale de briques, de fumée et de poussière, et à son extrémité lointaine coulait la rivière, — au plus profond ici, teintée de vert, se tordant, gargouillant et se caillant sur les rives sur des corniches de lichen. et des roches couvertes de boue. Au-delà s'ouvrait l'ouverture sur le grand Ouest, les Prairies. Pas la morne mort ici, comme plus à l'ouest. Un roux uni et sombre , car l'herbe était brûlée par le soleil, s'étendait dans le vague lointain, intolérable, silencieux, interrompu par des collines et de petits ruisseaux qui ne faisaient que rendre l'immensité et le silence plus larges et plus lourds. Sa torpeur sans limites pesait sur le cerveau ; les yeux lui faisaient mal, s'étirant pour trouver une pause avant que le roux terne ne se fonde dans l'ambre de l'horizon et ne se perde. Un paysage américain : peu de traits, simple, aux contours grandioses comme le visage de l'un des premiers dieux. Elle gisait complètement immobile devant lui, pas un seul nuage dans le bleu pur au-dessus, même là où la brume s'élevait de la rivière ; il avait seulement glorifié le bleu clair en un violet plus clair.

Holmes regardait tranquillement ; il aurait pu créer un tableau comme celui-ci s'il n'en avait jamais vu ; c'est pourquoi il était capable de le reconnaître, de l'accepter dans son âme et de le laisser y faire ce qu'il voulait.

Soudain, un vent faible venant de l'extrême côte du Pacifique souffla de la ligne orange où le soleil se couchait. Un léger tremblement passa sur les grandes collines, les larges étendues de couleurs s'assombrirent de la base au sommet, puis réapparurent , tandis qu'en bas, la prairie s'élevait et s'abaissait comme une mer sombre et roulait en vagues longues, lentes et solennelles.

Le vent frappa si fort et si violemment le visage de Holmes qu'il retint son souffle. C'était une liberté sauvage, pensait-il, dans cet Occident dont le souffle soufflait sur lui : la liberté de l'homme primitif, de l'homme animal indompté, sûr de lui et sûr de lui , ayant conquis la nature. Eh bien, cette liberté farouche et magistrale était parfois bonne pour l'âme, sans doute. C'était l'air vital du vieux Knowles. Il se demandait si le vieil homme réussirait dans son passe-temps, s'il parviendrait à faire comprendre cette liberté farouche aux mendiants et aux voleurs esclaves des ruelles là-bas. Ils avaient soif de permission pour vivre de souffrance maintenant, ne connaissant pas leur éventuelle divinité. C'était un remède désespéré, ce sentiment de liberté incontrôlée ; mais leur maladie était désespérée. Quant à lui, il n'en avait pas besoin ; cet élément ne manquait pas. Dans un sens purement corporel, bien sûr. Il sentit son bras. Oui, la rigueur froide de cette nouvelle vie avait déjà dissipé une grande partie du poids obstruant de la chair et renforcé les muscles. Six mois supplémentaires en Occident durciraient les fibres au fer. Il souleva un poids en fer posé sur les marches et les testa négligemment. Pour le reste, il revenait ici ; quelque chose de froid et de fraîcheur s'était introduit dans son cerveau, croyait-il. Durant les deux années d'absence, son pouvoir de concentration avait été plus fort, ses perceptions plus libres de préjugés, gagnant chaque jour en point délicat, en acuité d'analyse. Il inspira longuement l'air glacial, grossier du parfum sauvage de la prairie. Non, son tempérament avait besoin d'une atmosphère plus subtile que celle-ci, d'une essence plus rare que la simple liberté brutale. L'Orient, le Vieux Monde, était sa propre sphère de développement personnel. Il partirait dès qu'il en aurait les moyens, en laissant derrière lui tous les obstacles. TOUS? Sa vaine pensée s'est arrêtée ici, tout d'un coup ; le front jaunâtre se contracta brusquement, et ses yeux gris devinrent en un instant superficiels, insouciants, formels, comme un homme qui retient sa pensée. Il y eut une guerre féroce dans son cerveau pendant un moment. Puis il effleura son chapeau Kossuth avec son bras et l'enfila, regardant à nouveau le paysage. D'une manière ou d'une autre, sa signification lui était émoussée. À ce moment-là, un terrier boueux arriva et se frotta contre son genou. "Eh bien, Tige, mon vieux !" dit-il en se baissant pour le tapoter gentiment. Le regard dur et superficiel disparut ; il sourit à moitié en regardant le chien dans les yeux. Un sourire curieux, indiciblement tendre et triste. C'était l'idiosyncrasie du visage de cet homme, rarement vue là-bas. Il aurait pu regarder avec cela un criminel et le condamner à mort. Mais il l'aurait condamné et, si aucun bourreau n'avait pu être trouvé, il aurait mis la corde de ses propres mains, puis il se serait probablement assis pâle et tremblant et aurait analysé ses sensations sur papier, étant sincère dans son cœur. tous.

Il s'assit sur les marches de l'école, que les garçons avaient taillées et taillées grossièrement, et attendit ; car il était là sur rendez-vous, pour rencontrer le Dr Knowles.

Knowles était sorti tôt le matin pour examiner le terrain qu'il allait acheter pour son Phalanstère, ou peu importe comment il avait choisi de l'appeler. Il devait apporter avec lui l'acte de vente du moulin pour Holmes. Le lendemain, il devait être signé. Holmes le vit enfin traverser la prairie d'un pas lourd, essuyant la sueur de son front. Été comme hiver, il s'arrangeait pour avoir toujours chaud. Il y avait une charrette tirée par un vieil âne qui arrivait à côté de lui. Knowles parlait au chauffeur. Le vieil homme frappait dans ses mains comme le font les cochers et aspirait de longues bouffées d'air, comme s'il y avait dans chaque souffle une vie vive et une promesse. Ils arrivèrent enfin, le chariot vide et séchant pour le travail de la journée après le récurage du matin, le visage grêlé de Lois tout rayonnant à force d'essayer de garder Barney éveillé. Elle devint toute rouge de plaisir en voyant Holmes, mais elle poursuivit rapidement tandis que les hommes commençaient à parler. Tige la suivit, bien sûr ; mais quand elle eut parcouru un peu la prairie, ils la virent s'arrêter, et bientôt le chien revint avec quelque chose dans la gueule, qu'il déposa à côté de son maître et s'enfuit. Ce n'était qu'un grossier panier d'osier qu'elle avait rempli de mousse pelucheuse et humide, et dans lequel étaient à moitié enfouis des grappes de fougères plumeuses, de délicats lichens bruns et cendrés, des masses de feuilles forestières toutes nuancées de vert avec quelques reflets cramoisis. Il y avait une odeur boisée claire, comme celle de la myrrhe lointaine. Le Docteur rit tandis que Holmes reprenait la parole.

"Un cadeau d'artiste, s'il vient d'un mulâtre", a-t-il déclaré. "Un coloriste né ."

Les hommes n'étaient pas à l'aise, pour une raison quelconque ; ils saisissaient chaque bagatelle pour écarter le sujet qui les avait réunis.

"Le sens artistique de cette fille est pur, et sa religion, sous la perversion et l'ignorance de son cerveau. Curieux, hein ?"

"Regardez le haut de sa tête quand vous la voyez", a déclaré Holmes. "C'est une nécessité pour de tels cerveaux d'adorer. Ils laissent le feu lécher leur sang, s'ils sont nés Parsis. Cette fille, si elle avait été juive quand le Christ est né, l'aurait connu comme Siméon."

Knowles ne dit rien ; il se contenta de jeter un coup d'œil à la tête massive de l'orateur, avec son front en surplomb, son développement carré sur les côtés et sa calotte abaissée, et il sourit significativement.

"Exactement", rit Holmes en posant sa main sur sa tête. "Paralysé là-bas par mon sang Yorkshire , ma mère. Peu importe ; en dehors de cette vie, le sang ou les circonstances n'ont aucune importance."

Ils marchèrent lentement vers la ville. Il n'y avait sûrement dans l'acte de vente que le vieillard avait en poche qu'une simple affaire ; pourtant, ils restaient étrangement silencieux à ce sujet, comme si cela faisait honte à quelqu'un . Il y eut une pause embarrassée. Le Docteur retourna voir Lois pour obtenir du soulagement.

"Je pense que c'est la douleur et le besoin de telles personnes qui les rendent sensibles à la religion. Le moi en eux est si affamé et humilié qu'il ne peut pas obscurcir leurs yeux ; ils voient Dieu clairement."

"Dites plutôt", dit Holmes, "que l'âme est si affamée et aveugle qu'elle ne peut se reconnaître comme Dieu."

L'œil intolérant du Docteur s'enflamma.

"Humph ! Alors c'est votre credo ! Pas le Panthéisme. Ego sum. Bien sûr vous continuez avec la conjugaison : J'ai été, je serai. Moi, qui couvre tout le terrain, la création, la rédemption et commande l'au-delà ?"

"C'est vrai", dit Holmes froidement.

"Et ce misérable colporteur porte sa divinité autour d'elle, son âme qui existe par elle-même ? Comment, au nom de Dieu, sa vie va-t-elle la libérer ?"

Holmes ne dit rien. Il était impossible de répondre au grossier ricanement. Les hommes au visage pâle et aux mâchoires lourdes comme le sien ne portent pas leur religion sur le bout de la langue ; leurs croyances ne les laissent que dans le sang qui suinte lentement, aussi faux que puissent être ces croyances.

Knowles poursuivit avec ardeur, à moitié pour lui-même, s'emparant farouchement de la nouvelle idée, comme le font les hommes et les femmes qui cherchent encore à tâtons la vérité de la vie.

« Que dit votre Novalis ? 'La vraie Chechinah, c'est l'homme.' Vous ne connaissez pas de Dieu supérieur ? Pooh ! L'idée est assez ancienne ; elle a commencé avec Ève. Elle fonctionne lentement, Holmes. En six mille ans, en prenant l'humanité comme une, cette âme existant en elle-même aurait dû se revêtir d'un vêtement plus libre et plus royal . que le corps de la pauvre Lois, ou le mien, ajouta-t-il amèrement.

"Ça marche lentement", dit doucement l'autre. "Bientôt plus vite, en Amérique. Il y a encore de nombreux maux de la vie que la divinité intérieure doit vaincre."

« Et Lois et la masse grouillante là-bas dans ces tanières ? Il est tard pour qu'ils commencent le combat ?

"L'endurance leur suffit ici, et leurs religions le leur enseignent. Ils ne pourraient pas supporter la vérité. On ne met pas une arme entre les mains d'un homme qui meurt du fœtus et de la faim du siège."

"Mais que vous apporteront cette vie, ou les vies à venir, champions qui connaissent la vérité ?"

"Rien que la victoire", dit-il à voix basse en détournant le regard.

Knowles regarda la pâle force du visage de fer.

« Que Dieu t'aide, Stephen ! » » éclata-t-il, ses moqueries superficielles tombant. "Car il EXISTE un Dieu plus élevé que nous. Les maux de la vie que vous comptez vaincre vous l'apprendront, Holmes. Vous trouverez Quelque Chose au-dessus de vous, ne serait-ce que pour Le maudire et mourir."

Holmes ne souriait pas devant la chaleur du vieil homme ; il marchait gravement et d'un pas ferme.

Il y eut un court silence. Knowles posa doucement sa main sur le bras de l'autre.

"Stephen," hésita-t-il, "tu es un homme plus fort que moi. Je sais ce que tu es; je t'ai observé depuis que tu es un garçon. Mais tu as tort ici. Je suis un vieil homme. Il n'y a pas grand-chose que je puisse faire." je sais dans la vie, assez pour m'exaspérer. Mais je sais qu'il y a quelque chose de plus fort, un Dieu en dehors du méchant diable qu'ils appellent « Moi ». Tu l'apprendras, mon garçon. Il y a une vieille histoire d'un homme comme toi et du reste de ta secte, et des choses viles, méchantes et rampantes que Dieu a envoyées pour le faire tomber. De telles choses existent encore. votre âme divine, des choses basses et égoïstes, qui prendront le dessus sur vous, vous montreront ce que vous êtes. Vous ferez tout ce que l'homme peut faire. Mais ils arrivent, Stephen Holmes ! ils arrivent !

Il s'arrêta, surpris. Car Holmes s'était retourné brusquement, jetant un regard vers la ville avec une étrange nostalgie. Ce fut fini en un instant. Il reprit sa marche lente et contrôlée à ses côtés. Ils allèrent en ville en silence, et lorsqu'ils parlèrent, c'était sur des sujets indifférents, sans se référer aux derniers. La chaleur du Docteur, comme d'habitude, se résumait en spasmes pour des bagatelles. Une fois, il s'est cogné l'orteil et, je suis désolé de le dire, il a juré à ce sujet, tout comme il l'aurait fait dans la nouvelle Arcadie, si l'un des oiseaux de prison composant cette colonie s'était montré ingrat pour ses avantages. Les philanthropes, pour une curieuse raison, ne sont pas les membres les plus aimables des petites familles.

Il remit à Holmes le rouleau de parchemin qu'il avait dans sa poche, en le regardant attentivement, mais en disant seulement que s'il avait l'intention de le signer, ce serait fait demain. Tandis que Holmes le prenait, ils s'arrêtèrent devant la grande porte de l'usine. Il est entré seul, Knowles descendant la rue. Il se souvint ensuite d'une bagatelle étrange à sa manière. Tenant à la main le rouleau de papier qui lui permettrait de s'approprier le moulin, il descendit, de son air lent et grave, le long couloir menant aux ateliers de métiers à tisser. Il y avait là une foule de porteurs et de pompiers, comme d'habitude, et il crut que l'un d'eux le dépassa précipitamment dans le passage sombre, se cachant derrière une machine. Alors que l'ombre tombait sur lui, ses dents claquèrent avec un frisson glacial. Il sourit, pensant que les gens superstitieux diraient que quelqu'un a marché sur sa tombe à ce moment-là, ou que la Mort l'a regardé et a continué. Après, il y a pensé. En traversant le bureau, le gros vieux comptable, Huff, l'arrêta avec une histoire qu'il lui avait gardée toute la journée. Il aimait raconter une histoire à Holmes ; il pouvait voir dans une plaisanterie ; ça faisait du bien à un homme d'entendre un gars rire ainsi. Holmes rit, car l'histoire était bonne, et resta un moment, puis entra, laissant le vieil homme rire au-dessus de son bureau. Huff ne savait pas comment, ces derniers temps, après chaque rire, cet homme ressentait un vague mépris de lui-même, comme si les plaisanteries et les rires appartenaient à un moi qui aurait dû être mort depuis longtemps. Peut-être que si le gros vieux comptable l'avait su, il aurait dit que cet homme était meilleur qu'il ne le pensait. Mais alors, pauvre Huff ! Il parcourut lentement les allées entre les grands métiers à tisser. Au-dessus de lui, le plafond ressemblait à un lourd labyrinthe de cylindres de fer, de barres et de roues noires oscillantes, le tout dans un mouvement rapide et lourd. C'était de quoi donner le vertige au cerveau avec le tonnerre des moteurs, les fuseaux sifflants rouges et jaunes et la lumière chaude du jour qui brillait sur tout. Les métiers à tisser étaient surveillés par des femmes, pour la plupart des filles audacieuses et vulgaires de quinze ou seize ans, ou des femmes des collines aux mâchoires maigres, épouses des creuseurs de charbon. Il y avait une odeur haletante de cuivre. En passant d'une pièce à l'autre à travers les étages ascendants, il avait la vague sensation d'être suivi. Une ombre se cachait parfois derrière les moteurs, ou le suivait furtivement dans les entrées sombres. Y avait-il donc des fantômes dans les moulins en plein jour ? Il aurait pu le savoir, sauf les fantômes du besoin, de la faim et du crime, qui n'attendent pas la nuit pour arpenter nos rues : les fantômes que le pauvre vieux Knowles espérait abriter pour toujours.

Holmes fit aménager une chambre dans le moulin, où il dormit. Il s'y approchait lentement, tenant fermement le papier d'une main, regardant les ouvriers, le travail, à travers son œil furtif à moitié fermé. Rien ne lui échappait. En passant devant les fenêtres, il ne regarda pas une seule fois le rêve prophétique de beauté qu'il avait laissé sans lui. Au moulin, il était du moulin. Pourtant, il avançait lentement, comme s'il reculait devant la tâche qui l'attendait. Pourquoi le devrait-il ? C'était une simple question d'affaires que ce transfert de la part de Knowles dans le moulin à lui-même ; aujourd'hui, il devait décider s'il conclurait le marché. Si une sombre histoire de tort se cachait en dessous, si sa simple décision devait être pour lui une lutte pour la vie ou la mort, son visage froid et ferme n'en disait rien. Soyons justes envers lui, restons à ses côtés, si nous le pouvons, au milieu de sa maison désolée et de sa vie désolée, et regardons à travers ses yeux froids et tristes l'acte qu'il allait accomplir. Il avait l'air assez morne, traversant le grand moulin, malgré la puissance de son visage calme. Un homme qui avait la force de la solitude ; pourtant, je pense que, malgré toutes ses forces, sa mère n'aurait pas pu supporter de regarder en arrière d'entre les morts ce jour-là, de voir son garçon si complètement seul. Ce jour était la crise de sa vie, attendue avec impatience depuis des années ; il tenait à la main un passeport sûr pour la fortune. Pourtant, il repoussait l'heure, de manière perverse, se livrant à de vaines imaginations, repoussant loin de lui la seule question que toutes les années passées et à venir avaient laissé à ce jour le soin de trancher.

C'est peut-être une de ces vaines imaginations qui a poussé l'homme à quitter son chemin habituel pour emprunter un passage étroit dans lequel s'ouvraient les portes des petits bureaux. Margret Howth, avait-il appris aujourd'hui, était dans la première. Il hésita avant de le faire, son visage jaunâtre devenant un peu plus pâle ; puis il reprit son chemin dur et grave, se demandant vaguement si elle se souvenait de ses pas, si elle tenait à le voir maintenant. Elle le savait , elle était la seule au monde à avoir jamais eu envie de le savoir, idiote d'enfant ! Sans aucun doute, elle était plus sage maintenant. Il se souvenait qu'il pensait que, lorsque cette femme aimerait, ce serait comme lui-même, avec une simple confiance que le mal des années ne pouvait pas toucher. Et une fois qu'il avait pensé... Eh bien, eh bien, il se trompait. Pauvre Margrette ! C'était mieux comme ça. Ils n'étaient rien l'un pour l'autre. Elle l'avait chassé d'elle, et il s'était laissé chasser. Eh bien, il aurait renoncé à toute perspective de vie s'il avait agi autrement ! Pourtant, il se demandait amèrement si elle l'avait trouvé égoïste, si elle pensait que c'était de l'argent qu'il se souciait, comme les autres. Ce qu'ils pensaient n'avait aucune importance, mais cela le blessait intolérablement qu'elle lui fasse du tort. Pourtant, avec tout cela, chaque fois qu'il attendait la mort, c'était avec la certitude qu'il la retrouverait là-bas. Il n'y aurait alors plus de secrets ; elle saurait alors à quel point il l'avait toujours aimée. Vous l'aimiez ? Oui; il n'a sûrement pas besoin de se le cacher.

Il était maintenant près de la porte du bureau ; elle était à l'intérieur. Petite Margret, pauvre petite Margret ! luttant là-bas jour après jour pour le vieux père et la vieille mère. Quelle petite enfant pâle et froide elle était ! un tel enfant ! mais s'enflammant à son regard ou à son toucher, comme si ses veines étaient remplies d' une flamme subtile . Son âme était… comme la sienne, pensa-t-il. Il savait ce que c'était , lui seul. Même maintenant, il rayonnait du triomphe d'un homme de savoir qu'il tenait la vie secrète de cette femme nue entre ses mains. Aucune autre puissance humaine ne pourrait jamais l'approcher ; il était en sécurité en possession. Elle l'avait éloigné d' elle ; c'était peut-être mieux pour tous deux. Leurs chemins étaient ici séparés ; car elle avait des notions irréelles du devoir, et il avait trop de choses à faire dans le monde pour s'encombrer de soucis, ou pour rester paresseux une heure dans la rare extase d'un amour comme celui-ci.

Il passa devant le bureau sans s'arrêter dans son pas lent. Une impulsion soudaine lui fit poser la main sur la porte en la frôlant : juste un effleurement rapide et léger ; mais c'était toute la passion féroce d'une caresse. Il le retira aussi rapidement et continua, essuyant la sueur moite de son visage.

La chambre qu'il s'était aménagée était blanchie à la chaux et à peine meublée ; cela faisait mal aux os de regarder le lit et les chaises en fer. Le goût naturel de Holmes était plus brillant, même s'il était étouffé, que celui de n'importe quelle Sybarite à robe safran. Cela nécessitait une correction, il le savait ; ici, c'était la discipline. En outre, il avait réservé les trois ou quatre années à venir de sa vie pour gagner de l'argent, suffisamment pour les temps à venir. Il consacrerait toutes ses forces à cette œuvre et en aurait ainsi plus tôt terminé. L'argent, ou la place, ou même le pouvoir, n'étaient pour lui qu'un moyen : les autres hommes les appréciaient en raison de leur influence sur les autres. Comme son travail dans le monde n'était que le développement de lui-même, c'était évidemment différent. Qu'importerait à son âme, le lendemain de sa mort, si des millions de personnes criaient son nom à haute voix pour le blâmer ou le louer ? Est-ce qu'il entendrait ou répondrait alors ? Que lui importerait alors s'il mourait de faim avec eux, ou s'il régnait sur eux ? On parlait de bienveillance. Que lui importeraient alors la misère ou le bonheur de ceux qui travaillent encore dans notre vie misérable ? Dans la mesure où l'exercice d'émotions bienveillantes ou l'abnégation développait la partie supérieure de sa nature, cela méritait d'être loué ; quant à son effet sur les autres, il n'y était pour rien. Il pratiquait constamment l'abnégation pour renforcer ses instincts bienveillants. Le matin même , il avait donné son dernier dollar à Joe Byers, un infirme à moitié affamé. "Je l'ai jeté à moi", dit Joe, "comme s'il donnerait un os à un chien et qu'il serait damné ! Qui le remercie ?" À vrai dire, vous ne trouverez pas de meilleur représentant que ce Stephen Holmes de la grande idée de la sociologie américaine, selon laquelle le but de la vie est de GRANDIR. Les circonstances le lui avaient en partie imposé. Assis maintenant dans sa chambre , où il calculait le prix à payer pour devenir prince marchand, il pouvait se remémorer l'époque d'une enfance passée dans les profondeurs de l'ignorance et du vice. Il savait ce qu'était ce Soi en lui ; il savait à quel point cela l'avait forcé à tâtonner pour s'élever, pour donner à cette âme affamée et insatiée de l'air, de la liberté et du savoir. Tous les hommes autour de lui faisaient la même chose : se poussant, se bousculant et luttant, toujours plus haut. C'était la devise américaine : Allez- y ; les mères l'enseignaient à leurs enfants ; tout le système était une échelle de prix scintillants. Il voyait au moins le sens supérieur de la vérité ; il n'avait pas de faibles ambitions. Élever ce soi jusqu'à un niveau d'être plus élevé lorsqu'il en avait fini avec ses usages , tel était son travail. L'auto-salut, l'auto- élévation, ces idées qui font naître et détruisent la moitié de notre christianisme, la moitié de notre philanthropie ! Parfois, les instincts endormis de l'homme luttaient pour affirmer une divinité plus terrible que cette âme grandissante et existante qu'il purifiait et analysait jour après jour : une profondeur de tendre pitié pour la douleur extérieure ; un désir féroce de repos, sur quelque chose, dans quelque chose, il ne se souciait pas de quoi. Il réprimait ces incitations rebelles, les qualifiait de morbides. Il qualifiait aussi de morbide la passion qui maintenant glaçait son sang fort, et il lui essorait ces gouttes moites sur le front, à la simple pensée de cette fille en bas.

Il ferma bien la porte de sa chambre : il n'avait pas le temps aujourd'hui de flâner chez les visiteurs. Car Holmes, calme et stable, était recherché, sinon populaire, même dans l'Ouest libre et facile ; un de ces hommes qui, malgré eux, sont maîtres parmi les hommes. Juste et doux, toujours ; avec un don particulier qui faisait que les hommes lui faisaient part de leurs meilleures pensées, sachant qu'ils seraient compris ; s'il y avait un noyau de silex éternel sous les manières simples et véridiques de cet homme, personne ne le voyait.

Il déposa l'acte de vente sur la table ; c'était une question tout à fait pratique sur laquelle il jugeait, mais il n'allait rien faire de manière imprudente. Un simple document commercial : il a pris la part du Dr Knowles dans l'usine ; les paiements effectués à intervalles rapprochés ; John Herne devait être son endosseur : il suffisait que les noms le rendent valide. C'est assez clair ; aucune trace d'une entente tacite selon laquelle l'argent de l'achat était une dot de mariage ; même entre Herne et lui-même, cela n'a jamais été ouvertement exprimé en mots. S'il n'épousait pas miss Herne, le moulin appartenait à son père ; il faudra bien sûr en parler et s'arranger demain. S'il l'a pris, alors ? s'il l'épousait ? Holmes avait été pauvre, il était encore misérablement pauvre, avec la position et les habitudes d'un homme raffiné. Dieu sait que ce n'était pas pour satisfaire ces goûts qu'il s'accrochait à cet argent. Toutes ces lentes années de travail s'écoulaient devant lui, qui étaient révolues, de travail dur et éreintant pour le pain quotidien, lorsque son cerveau avait faim de connaissances et son âme émoussée, dégradée par un commerce sordide. Est-ce que cela devait toujours être le cas ? Ces quelques instants dorés de la vie devaient-ils être échangés contre le pain et la viande qu'il mangeait ? Manger et boire, était-ce pour cela qu'il était là ?

Alors qu'il arpentait machinalement la pièce, un vague souvenir lui traversa l'esprit d'une histoire enfantine de l'homme debout à l'endroit où se séparaient les deux grands chemins de la vie. Ils étaient désormais ouverts devant lui. De l'argent, de l'argent, il prenait le mot dans son cœur comme ferait un avare. Avec cela, il était libéré de ces soucis de voiture qui rendaient son esprit sale et boueux. S'il avait de l'argent ! Des visions lentes et froides de triomphes s'élevaient devant lui, esquissant les années à venir, pratiques, quoique utopiques. Des succès lents et sûrs de la science et de l'art, où son cerveau pouvait travailler, aider et grandir. Loin, mais sûrement à venir, sûrement pour lui, un jour où un système social pur devrait être universel, aurait déployé ses fibres de lumière, unissant en une seule les nations de la terre, où l'esclave le plus bas trouverait son véritable lieu et œuvre légitime, et se lève, se sachant divin. « Pour assurer à chacun le plus libre développement de ses facultés » : répétait-il sans cesse à propos du dogme éculé, tandis que s'élevaient devant lui les années lourdes et odieuses de pauvreté qui l'avaient piétiné. « Pour lui assurer le plus libre développement », il n'avait pas besoin d'attendre la Saint-Simon, ni l'année d'or, pensa-t-il avec une morne plaisanterie ; l'argent suffisait, et… Miss Herne.

Il était curieux que, lorsque cette femme qu'il voyait tous les jours lui revenait à l'esprit, c'était toujours dans la même posture, dans le même costume. Avez-vous remarqué cette particularité dans votre souvenir de certaines personnes ? Peut-être découvririez-vous, si vous regardiez attentivement, que dans ce regard ou ce geste indélébile que votre mémoire a capté, se cache quelque subtile allusion au lien qui unit votre âme à la leur. Maintenant, quand Holmes avait résolu froidement de peser cette femme, son cerveau, son cœur et sa chair, pour savoir à quel point elle serait un obstacle, il ne pouvait que la voir, avec son sens d'artiste, une fleur de couleur aussi délicate que l'œil pouvait le faire. envie, dans une posture immobile, — comme il l'avait vue une fois dans une mascarade ou un tableau vivant. June, je crois, a choisi de représenter ce soir-là, — et avec son succès habituel ; car aucune femme n'a jamais connu plus complètement sa matière, sa forme ou sa couleur , ni comment la confectionner. Ce n'est pas non plus une fantaisie mal choisie, celle du mois humide et chaud. Une journée d'été en transe aurait pu se transformer en une telle forme humaine au bord d'un étang humide ou dans les épaisses prairies couvertes d'herbe. Il y avait tout le contour des membres cachés sous des plis verts et chauds, la chair blanche qui brillait quand on la touchait comme si une chaleur étouffée se cachait en dessous, les yeux vifs, le visage endormi, les cheveux ambrés déroulés dans un calme langoureux, tandis que les cheveux jaunes se déroulaient. les jasmins approfondissaient sa teinte en soleil fondu, et un grand lys tigré posait sa tête sensuelle sur sa poitrine. Juin? June pourrait-elle s'incarner avec une signification poétique plus élevée que celle que cette femme lui a donnée ? M. Kitts, l'artiste dont je vous ai parlé, ne le pensait pas et tomba amoureux de June et d'elle sur-le-champ, passion devenue tout à fait insupportable après qu'elle lui eut gracieusement permis de la dessiner , — pour le bénéfice de l'art. Trois étudiants en médecine et un avocat, Miss Herne, avaient été plongés dans un état de désespoir tenace lors de cette occasion triomphale. M. Holmes a peut-être contesté le rendu, doutant si sa lèvre n'était pas trop épaisse, son œil trop cuivré et d'un bleu pâle pour la reine des mois ; même si je ne crois pas qu'il y ait pensé du tout. Pourtant, l'image restait gravée dans sa mémoire.

Alors qu'il arpentait lentement la pièce aujourd'hui, pensant à cette femme comme à sa femme, aux yeux bleu clair et aux cheveux jaunes et à la douceur impure des fleurs de jasmin mélangées au soleil brûlant et aux odeurs du moulin. Il ne pouvait penser à elle sous aucun autre jour. Il aurait pu le faire ; car la pauvre fille avait ses autres côtés à vue. Elle avait une de ces intelligences vives et sordides dont les possesseurs sont toujours considérés comme des « femmes brillantes, belles causeuses ». Elle était (en dehors du sarcasme nécessaire pour entretenir cette réputation) une âme assez de bonne humeur , quand personne ne lui faisait obstacle. Mais si ses vertus ou ses vices superficiels lui étaient palpables, ils ne faisaient qu'un avec la beauté engourdie de l'oppressante journée d'été et lui pesaient également d'un vague dégoût. La femme se délectait du parfum ; une odeur lourde flottait toujours autour d'elle. Holmes, pensant à elle maintenant, crut sentir l'air étouffer et ouvrit la fenêtre pour reprendre son souffle. Patchouli ou copperas, quelle était la différence ? Le moulin et sa future épouse vinrent ensemble ; ce n'était guère sa faute s'il les considérait comme un seul, ou s'il marmonnait : « Maudit sabot ! alors qu'il s'asseyait pour écrire, son œil froid devenait de plus en plus froid. Mais il ne discuta plus la question ; la décision était venue brusquement en un instant, fixe, inaltérable.

Si, au cours de la longue journée, le cœur affamé de l'homme réclamait faiblement sa nourriture naturelle, il appelait cela une faiblesse dérisoire ; ou si la vieille pensée de la petite fille tranquille et pure du bureau d'en bas lui revenait, il... il lui souhaitait bonne chance, il espérait qu'elle réussirait dans son travail, il serait toujours prêt à lui prêter main forte. Tant d'années (il avait honte de penser combien) il avait construit l'idée de cette fille comme épouse dans le futur, mis la force de son âme dans l'espoir, comme si l'amour et les devoirs domestiques de mari et de père étaient ce qu'était la vie. donné pour! Une fantaisie enfantine, pensa-t-il. Il n'avait pas encore appris que tous les rêves doivent céder le pas au respect de soi et à la croissance personnelle. Quant à entreprendre cette vie de pauvreté et de famine pour un peu d'amour, ce serait un ignoble martyre, le sacrifice d'une grande vie sans mesure à un plaisir superficiel. Il n'était plus un jeune homme maintenant ; il n'avait pas de temps à perdre. Pauvre Margrette ! il se demandait si ça lui faisait mal ?

Il signa l'acte et le laissa de la manière lente et tranquille qui lui était naturelle, et au bout d'un moment il se baissa pour caresser doucement le chien, qui essayait de lui lécher la main, - avec les doigts durs tremblant un peu et une férocité étouffée. dans l'œil mi-clos, comme un homme torturé et seul.

Il y a un drame misérable qui se joue ailleurs qu'aux Tuileries, quand des hommes ont trouvé le cœur d'une femme dans leur chemin vers le succès et l'ont foulé aux pieds sous un talon de fer. Des hommes comme Napoléon doivent vivre selon la loi de leur nature, je suppose, sur un trône ou dans un moulin.

Tant de bagatelles, ce jour-là, réveillèrent le courant sous-jacent de vieilles pensées et de vieux espoirs qui le narguaient, des bagatelles aussi dont il n'aurait pas tenu compte à un autre moment. Pike est arrivé pour affaires, un tas de factures à la main. Il avait un œil rusé et perçant, qui les surveillait , un visage maigre, souligné seulement par la ruse. Pas étonnant que le Dr Knowles l'ait insulté pour un « client glissant » et qu'il ait été trompé l'heure suivante. Pendant que lui et Holmes comptaient les billets, une petite fille aux cheveux blancs se glissa timidement par la porte et s'approcha de la table, bizarrement vêtue, avec une robe fermée par de gros boutons de corne et avec un air anxieux à l'ancienne mode. paire d'yeux, couleur bleu de Delft. Holmes lui lissa les cheveux alors qu'elle se tenait à côté d'eux ; car il ne pouvait s'empêcher de caresser des enfants ou des chiens. Pike leva brusquement la tête, puis sourit à moitié tout en continuant à compter.

« Quatre-vingt-dix, quatre-vingt-quinze ET cent, d'accord », en attachant un morceau de ruban adhésif sur les papiers. "Ma Sophy, M. Holmes. C'est une bonne fille, Sophy. Amenez-la parfois au moulin", dit-il en s'excusant, "pour ne pas la laisser seule. Elle se sent seule à la maison ."

Holmes jeta un coup d'œil au chapeau de feutre de Pike posé sur la table : il y avait une bande de crêpe rouillée dessus.

"Oui," dit Pike d'un ton plus bas, "Je suis maintenant le père et la mère de Sophy."

"Je n'avais pas entendu", dit Holmes avec bonté. "Et les garçons, maintenant ?"

"Pete et John sont tous deux partis vers l'Ouest", dit l'homme, ses yeux s'embrasant avec impatience. " Ce sont de bons garçons comme jamais sortis de l'Indiana. De bonnes éducations , je leur donne tous les deux. J'en ai ressenti le besoin toute ma vie. De bonnes éducations . Je dis : " Maintenant, les garçons, vous avez votre fortune. " Rien ne vous empêche d' être président . Voyons ce que vous avez en vous ", dis-je. Alors ils vont bien. Ils m'ont écrit pour que je sorte à l'automne. Mais je préfère gratter et rassembler un peu pour Sophie ici, avant que j'arrête de travailler.

Il tapota la petite main bronzée de Sophie sur la table, comme s'il frappait une mélodie douce. Holmes replia les factures. Même cet homme pouvait consacrer du temps, dans sa vie dure et avare, à aimer, à être aimé et à être généreux ! Mais il n'avait pas d'objectif plus élevé, il ne connaissait rien de mieux.

"Eh bien," dit Pike en se levant, "si vous prenez le moulin, monsieur Holmes, j'espère que nous serons d'accord. Je m'efforcerai de faire de mon mieux," - de la vieille manière flatteuse à laquelle Holmes » acquiesça pour répondre brièvement.

L'homme s'arrêta chez Sophy pour ramasser les morceaux de « chayney » cassés avec lesquels elle préparait un goûter sur la table, et descendit.

Vers le soir, Holmes sortit , sans emprunter le passage étroit qui menait aux bureaux, mais en l'évitant par un chemin détourné. Si cela lui coûtait quelque peine de réfléchir aux raisons pour lesquelles il avait fait cela, il n'en montrait aucune sur son visage calme et observateur. Il boutonnait son manteau au fur et à mesure : le coucher de soleil d'octobre semblait devoir faire chaud, mais il avait un froid mortel. Dans la rue, le jeune médecin l'assassina de nouveau de saluts et de nouvelles : Cox était son nom, je crois ; celui, vous vous en souvenez, qui avait un tel flair de Talleyrand pour dénicher les hommes qui réussissent. Il ne dut cependant le supporter que quelques instants. Ils rencontrèrent au coin une foule d'ouvriers, dont l'un, un vieillard fraîchement lavé, aux yeux honnêtes regardant par des lunettes en corne, les attendait près d'une bougie d'incendie. C'était Polston , le creuseur de charbon, une connaissance, un parent éloigné de Holmes, en fait.

« Personne curieuse qui vous fait des signes, là-bas, » dit Cox ; "la main, je présume."

"Mon cousin Polston . Si vous ne le connaissez pas, vous m'excuserez ?"

Cox renifla l'air dans la rue et fit tournoyer son rotin tout en avançant. Le charbonnier salua brusquement et distantement, se mettant directement au travail.

vous garderai qu'une minute, M. Holmes"——

"Stephen", corrigea Holmes.

Le visage du vieil homme se réchauffa.

"Stephen, alors," tendant la main, "je sens que le bon vieux temps n'a pas honte , oh , Stephen. C'est copieux, maintenant. Ce n'est qu'un remède que je veux, mais c'est immédiat. Concernant Joe Yare, - le père de Lois, tu sais. ? Il est de retour."

" De retour ? Je l'ai vu aujourd'hui, me suivant au moulin. Ses cheveux sont gris ? Je crois que c'était lui. "

" Sans aucun doute. Oui, il a vieilli vite, enfermé en cellule ; il va vite jusqu'au bout. Faible, comme des pores. C'est une mauvaise vie, celle de Joe Yare ; j'aimerais qu'elle ne soit pas meilleure pour le fin"--

Il s'arrêta avec un regard mélancolique vers Holmes, qui se tenait extérieurement attentif, mais sans trop penser à Joe Yare. Le vieux charbonnier tambourinait avec inquiétude sur la bougie.

" Moi-même, c'était pour l'amour de Lois que j'y ai pensé . Pour parler clairement, ça vous dérangera cette affaire Stokes, la note falsifiée par Yare ? Oui ? Personne ne le sait à part vous et moi. Il est en sécurité, Yare l'est, seulement pour toi et pour moi. Tu parles comme ça et il retourne au cachot. Pour la vie. Tu vois ?

"Je vois."

"Il essaie de faire le bien, c'est Yare."

Le vieil homme continua, essayant de ne pas être impatient et observant le visage de Holmes.

"Il essaie . Renvoyez -le - vous savez comment CELA va se terminer. On dirait que nous avions son âme entre nos mains. Je suppose , - qu'est-ce que vous pensez, si nous lui donnons une chance ? C'est yoh " Il a peur. Je le vois en train de regarder , yoh ; qu'est-ce que tu penses, si nous lui donnons une chance ? " attraper la manche de Holmes. "Il est vieux, et il essaie . Hein ?"

Holmes sourit.

"Nous n'avons pas fait la loi qu'il a enfreinte. La justice avant la miséricorde. Ne t'ai-je pas entendu parler à Sam de cette façon, il y a longtemps ?"

Le vieil homme relâcha le bras de Holmes et regarda la rue de haut en bas, incertain et déçu.

"La loi. Oui. C'est vrai ! Vous n'êtes qu'un homme, Stephen Holmes."

"Et encore?"--

"Oui. Je ne sais pas . Law a raison, mais Yare a eu une mauvaise chance, et 'il essaie '. Et 'nous l' envoyons en enfer. Quelque chose ne va pas. Mais je pense que tu es juste un homme", regardant fixement le visage de Holmes.

« Une tâche difficile, disent les gens », dit Holmes après une pause, tandis qu'ils continuaient leur route.

Il s'était parlé à moitié tout seul et n'avait reçu aucune réponse. Une ombre plus noire le troublait que le sort du vieux Yare .

"Ma mère était une femme dure, tu la connaissais ?" dit-il brusquement.

"Elle était juste, comme toi . Elle était l'une des élues , dit-elle. La miséricorde leur a donné raison, et dehors, la justice. C'est plus compliqué . je montre , je pense ."

"Mon père était dehors", dit Holmes, avec une vieille amertume remontant dans son ton, ses yeux gris éclairés par une injustice non vengée.

Polston ne parla pas un instant.

" Je ne lui en veux pas . Ils sont morts, maintenant. Il ne lui restait plus à le juger là-bas. Yoh've ton père est Stephen, parfois. Affamé, pitoyable, comme celui des femmes . Il a été désespéré jusqu'à la dernière fois. Ivre à fond, j'en suis mort, tu sais. Mais ELLE l'a tué, le péché a été écrit pour elle. Jamais un garçon que j'ai aimé n'a été comme lui, quand nous étions garçons. »

Il y eut un court silence.

" Tu es comme ta mère", dit Polston , s'efforçant d'adopter un ton plus léger. "Ici", — en désignant les lourdes mâchoires de fer. "Elle n'a jamais... lâché prise. D'une manière ou d'une autre, elle avait aussi la loi de son côté en le montrant extérieurement, et c'était vrai. Mais je détestais la religion, la connaissant . Eh bien, c'est un jour où il faut faire des choses. clair, j'arrive !."

Ils avaient atteint le coin et Polston tourna dans l'allée.

"Yoh, tu vas penser au cas de Yare ?" il a dit.

"Oui. Mais comment puis-je m'en empêcher", dit Holmes d'un ton léger, "si je suis comme ma mère, ici ?" - en mettant sa main à sa bouche.

"Dieu nous aide, comment peux- tu ? C'est difficile de penser que père et mère laissent leurs âmes se battre dans leurs enfants , parce que l'amour voulait qu'ils ne fassent qu'un ici."

Quelque chose brillait dans la rue pendant qu'il parlait : les montures argentées d'un phaéton surbaissé tiré par une paire de poneys mexicains. Un ou deux messieurs à cheval se trouvaient à côté, accompagnant une dame à l'intérieur, Miss Herne. Elle tourna son visage blond et ses yeux pâles et avides en passant, et leva nonchalamment la main pour reconnaître Holmes. Le visage de Polston s'est coloré .

"J'ai entendu ", dit-il en tendant sa main crasseuse. "Je te souhaite bonne chance, Stephen, mon garçon. Le vieux Oman aussi . Tu viendras nous voir, bientôt ? Tu as l' air d'être pédé, et tes yeux ressemblent davantage à ceux de ton père. Je Je suis content que les choses prennent une bonne tournure avec toi ; et tu ne seras jamais comme lui, affamé à cause du genre de personne blessée , et tu devras mourir sans ça. Je suis content que tu aies le véritable amour. " Elle avait un visage clair, je pense. Je te souhaite bonne chance, Stephen. "

Holmes serra la main crasseuse, puis resta un moment à regarder en arrière vers le moulin, d'où les mains venaient juste de sortir, puis vers le phaéton qui avançait nonchalamment sur la route. Comme il faisait froid ! Les passants avaient un air maladif, comme frappés par la peste. Il repoussa ses cheveux mouillés, s'essuya le front, jeta un nouveau coup d'œil aux ouvrières qui sortaient de la porte, puis suivit le phaéton en bas de la colline.

CHAPITRE VI.

Une heure après, la soirée arrivait étouffante, l'air trouble, opaque, avec des traînées jaunes qui traînaient à l'ouest : un silence maussade dans les bois et les fermes ; seulement, en fait, ce silence sombre et inexplicable qui précède une tempête. Mais Lois, descendant la route de la colline, chantant pour elle-même et gardant la mesure avec le bout de son fouet sur la mesure en bois, s'arrêta lorsqu'elle en prit conscience. Cela lui semblait plus flou qu'un ciel assourdissant : quelque chose de solennel et d'inconnu, annonçant le mal à venir. Les pins nains au bord de la route lui jetaient un regard faible à travers la grisaille ; les ménés argentés des étangs qu'elle passait s'enfuirent, effrayés, et s'assombrirent dans les niches boueuses. Il y avait une vague crainte dans le silence soudain. Elle appela le vieil âne et descendit la colline plus vite, comme pour échapper à un péril imminent, invisible. Elle vit Margret arriver sur la route. Il y avait un phaéton derrière Lois et quelques cavaliers : elle jeta la charrette dans les pierres pour les laisser passer, voyant alors le visage de M. Holmes dans la voiture. Il ne la regardait pas ; avait la tête tournée vers le lointain gris. L'œil vif de Lois saisit toute la signification de la femme à côté de lui. Le visage lui faisait mal : pas juste, comme le disait Polston : insipide et cruel. Elle était vêtue de jaune : la couleur semblait moqueuse et moqueuse à l'instinct sensible de la jeune fille, très attentif à chaque bagatelle. Elle ne savait pas que c'était la couleur des impostures et que les femmes comme celle-ci sont les plus mortelles des impostures. Alors que le phaéton descendait lentement, Margret s'approcha et le rencontra sur le bord de la route, la poussière des roues étouffant l'air. Lois la vit lever les yeux, puis s'immobiliser soudainement, se tenant à la clôture, alors qu'ils la rencontraient. Le regard froid et errant de Holmes se tourna vers la petite silhouette poussiéreuse qui se tenait là, pauvre et méprisée. Polston disait que ses yeux étaient affamés : c'était une faim sauvage qui les envahissait maintenant ; une ombre grise rampant sur son visage figé, alors qu'il la regardait, à cet instant éclair. Le phaéton disparut en un instant, la laissant seule sur la route. L'un des hommes s'est retourné, puis a murmuré quelque chose à la dame en riant. Elle se tourna vers Holmes, quand il eut fini, fixant sa lumière, ses yeux confus sur son visage et adoucissant sa voix.

« Fred jure que la femme que nous avons croisée était votre premier amour. Étiez-vous donc si chevaleresque ? Était-ce une deuxième romance du « roi Cophetua et la mendiante ? » »

Il croisa son regard et vit la demande féroce à travers la douceur et le persiflage. Il ne répondit rien, mais, se tournant vers elle, il devint l'homme qu'elle était si fière de montrer comme sa capture, un homme très éloigné de Stephen Holmes. Brillant, elle l'appelait, franc, séduisant, généreux. Elle pensait qu'elle le connaissait bien ; le tenait comme esclave de sa main flottante. Étant fière de son esclave, elle laissa la main flotter d'une manière ou d'une autre avec quelques fleurs qu'elle tenait jusqu'à ce qu'elle touche ses doigts durs, sa joue rougissant. Cette main spongieuse et sans nerfs, quelle emprise mortelle elle avait sur sa vie ! Il ne se retourna pas une seule fois vers la silhouette immobile et poussiéreuse sur la route. Qu'avait dit Polston à propos de mourir de faim pour un mot gentil ? AMOUR? Il en avait marre de ces paroles maladives et les arrachait de son cœur avec un mépris sauvage. Il se souvenait que son père, la nuit de sa mort, avait dit dans ses faibles délires que Dieu était amour. Était-il? Il n'est donc pas étonnant qu'Il soit le Dieu des femmes, des enfants et des hommes malheureux. Pour lui, il en avait fini avec ça. Il était ici avec un objectif plus fort que celui de céder aux faiblesses de la chair. Il avait fait son choix : un chemin droit et difficile vers le haut ; il était sourd maintenant et pour toujours à toute parole de gentillesse ou de pitié. Quant à cette femme à côté de lui, il serait juste envers elle, en justice envers lui-même : elle ne devrait jamais connaître le dégoût de son cœur : juste envers elle comme envers tous les êtres vivants. Un petit et mesquin doute entretenait un murmure maussade d'achat et de vente, — vendu, — mais il en riait. Il était assis là, la tête constamment tournée vers elle : un visage royal, disait-elle, et elle avait raison, c'était un visage royal : avec le même sourire superficiel et fixe sur sa bouche, aucun cri de lassitude ne montait vers Dieu. ce jour si terrible dans son pathétique, je pense : avec la même conscience terne que c'était la nuit d'épreuve de sa vie, qu'avec la silhouette simple au bord de la route il avait tourné le dos à l'amour et au bonheur et à la chaleur bienveillants, sur tout ce qu'il y avait de faible et d'inutile dans le monde. Il avait fait son choix ; il s'y conformerait , il s'y conformerait. Il répétait cela encore et encore, atténuant les rongements mortels de son cœur indigné.

Miss Herne était très contente d'être assise à côté de lui, avec elle-même et le monde admiratif. Elle n'avait aucune idée des nuits d'essai dans la vie. Peu de tentations ont transpercé son tempérament insensible et flasque pour la pousser à la défaite ou au triomphe. Il n'y avait pour elle aucun courant sous-jacent de conflit, chez les gens qu'elle croisait, entre elle-même et le pouvoir invisible dont Holmes se moquait et dont le nom était l'amour ; ce n'étaient que des meubles, agréables ou laids à regarder, bien ou mal habillés. Il n'y avait pas de barres de fer sombres dans sa vie pour que son âme puisse s'agripper et trembler follement, - rien « au monde qui ne cloche, qui puisse être résolu de temps à autre ». La petite Margret, assise au bord de la route boueuse, enfonçant lourdement ses doigts dans les racines du trèfle, tout en regardant l'endroit où les roues étaient passées, regardait la vie différemment, peut-être ; — ou le vieux Joe Yare près du feu de la fournaise. , son visage noir et ses cheveux gris penchés sur un vieux livre d'orthographe déchiré que Lois lui avait donné. La nuit, peut-être, allait être plus pour eux que tant d'heures pluvieuses pour dormir, le temps dont ils se souviendraient dans leurs vies futures comme l'heure où le bien et le mal leur arrivaient, et où ils faisaient leur choix, et, comme Holmes l'a dit, je l'ai respecté.

Il faisait frais et plus sombre. Holmes quitta le phaéton avant d'entrer dans la ville et fit demi-tour. Il allait voir cette Margret Howth, lui dire ce qu'il avait l'intention de faire. Parce qu'il allait laisser un casier vierge. Personne ne devrait l'accuser de manque d' honneur . Cette fille, seule parmi tous les êtres vivants, avait le droit de le voir tel qu'il se tenait debout, justifié envers lui-même. Pourquoi elle avait ce droit, je ne pense pas qu'il se réponde. En plus, il devait la voir, ne serait-ce que pour affaires. Elle doit garder sa place au moulin : il ne commencerait pas sa nouvelle vie par un acte d'injustice, en retirant le pain de la bouche de Margret. PETITE MARGRET ! Il s'arrêta brusquement, regardant une profonde mare d'eau au bord de la route. Quelle folie de lassitude lui traversa l'esprit à ce moment-là, je ne le sais pas. Il s'en est débarrassé. Était-il fou ? La vie valait plus pour lui que pour les autres hommes, pensait-il ; et peut-être avait-il raison. Il traversait lentement le crépuscule frais, regardant à travers les champs, le visage pâle et effrayé de la lune enveloppé de nuages : il n'osait pas regarder, avec tout son courage de fer, la silhouette sombre au-delà de lui sur la route. Elle était assise là, exactement là où il l'avait laissée : il savait qu'elle le serait. Lorsqu'il s'approcha, elle se releva sans le regarder ; mais il la vit joindre les mains derrière elle, les doigts se pinçant faiblement. C'était une vieille manière enfantine chez elle, lorsqu'elle était effrayée ou blessée. Il suffirait d'un mot, et il pourrait être calme et ferme, — elle était une telle enfant comparée à lui : il l'avait toujours pensé ainsi. Il s'approcha d'elle lentement et s'arrêta ; quand elle le regarda, il détacha le bonnet de toile qui cachait son visage et le rejeta. Comme le petit visage était devenu maigre et fatigué ! Pauvre enfant! Il passa gentiment autour d'elle son bras fort et se pencha pour lui baiser la main, mais elle la retira. Dieu! pourquoi a-t-elle fait ça ? Ne savait-elle pas qu'il pouvait alors mettre sa tête sous son pied, tant il était fou de pitié pour la femme à qui il avait fait du tort ? Pas d'amour, pensa-t-il en se contrôlant ; c'était seulement justice d'être gentil avec elle.

"Tu as été malade, Margret, ces deux années, pendant mon absence ?"

Il ne pouvait pas entendre sa réponse ; j'ai seulement vu qu'elle levait les yeux avec un sourire blanc et pitoyable. Il suffisait d'un mot, pensa-t-il, très gentil et ferme ; et il devait être rapide, il ne pouvait pas supporter aussi longtemps. Mais il tenait les petits doigts usés, les caressait avec une tendresse inexprimable.

"Tu devras laisser ces doigts travailler pour moi, Margret," dit-il enfin, "quand je serai maître au moulin."

« Alors, c'est vrai, Stephen ?

"C'est vrai, oui."

Elle leva la main vers sa tête, incertaine : il la serra fermement, puis la lâcha. De quel droit avait-il touché la poussière de ses souliers, lui, acheté et vendu ? Elle ne parla pas pendant un moment ; quand elle le faisait, c'était une voix faible et malade.

"Je suis content. Je l'ai vue, tu sais. Elle est très belle."

Les doigts se pinçaient à nouveau ; et un sourire étrange et vide sur son visage, essayant d'avoir l'air heureux.

"Tu l'aimes, Stephen?"

Il était désormais suffisamment calme et ferme.

"Non. Son argent m'aidera à devenir ce que je devrais être. Elle ne se soucie pas de l'amour. Tu veux que je réussisse, Margret ? Personne ne m'a jamais compris comme toi, aussi enfant que tu étais."

Tout son visage brillait.

"Je sais ! Je sais ! Je t'ai compris !"

Elle dit plus bas, au bout d'un moment :

"Je savais que tu ne l'aimais pas."

"L'amour n'existe pas dans la vraie vie", a-t-il déclaré de sa voix dure. "Tu le sauras quand tu seras plus grand. J'y croyais moi-même autrefois."

Elle ne parlait pas, elle observait seulement le mouvement lent de ses lèvres, sans le regarder dans les yeux, comme elle le faisait autrefois. Le récit secret qui existait entre les âmes de cet homme et de cette femme se révélait maintenant et restait nu, face à face.

"Je pensais que moi aussi j'aimais", poursuivit-il de sa voix basse et dure. "Mais ça m'a retenu, Margret, et"——

Il resta silencieux.

"Je sais, Stephen. Ça t'a retenu"——

"Et je l'ai rangé. Je l'ai rangé ce soir, pour toujours."

Elle ne parlait pas ; elle restait toute tranquille, la tête penchée sur sa poitrine. Sa conscience était désormais tranquille. Mais il aurait presque souhaité ne pas l'avoir dit, elle était si faible et si maladive. Elle s'assit enfin, enfouissant son visage dans ses mains, avec un sanglot frissonnant. Il n'osait pas se permettre de parler à nouveau.

"Je ne suis pas fière, comme une femme devrait l'être", dit-elle avec lassitude lorsqu'il essuya son front moite.

"Alors tu m'aimais ?" Il murmura.

Son visage brillait devant ce triomphe peu viril ; sa silhouette chétive s'éloigna de lui.

"Je t'ai aimé, Stephen. Je t'ai aimé , - tel que tu pourrais être, pas tel que tu es, - pas avec ces yeux inhumains. Je te comprends , - je te connais. Je te connais comme un homme meilleur que tu ne le penses. toi-même cette nuit."

Elle se tourna pour partir. Il posa la main sur son bras ; quelque chose que nous n'avons jamais vu sur son visage luttait , la meilleure âme qu'elle connaissait.

« Revenez, » dit-il d'une voix rauque ; "Ne me laisse pas seul. Reviens, Margret."

Elle n'est pas venue ; se tenait appuyée, sa force soudaine disparue, contre le mur brisé. Il y eut un lourd silence. La nuit battait lentement autour d'eux. Un oiseau tardif s'éleva des bords de l'étang, et, avec un cri effrayé, battit de ses ailes fatiguées et dériva dans l'obscurité. Ses yeux, à travers l'ombre grandissante, dévoraient le corps faible et tremblant, rencontraient l'âme qui le regardait, forte comme la sienne. Était-ce parce qu'il le connaissait et lui faisait confiance que tout ce qu'il y avait de plus pur et de plus fort dans sa nature écrasée luttait follement pour se libérer ? Il l'a poussé vers le bas ; la leçon apprise par soi-même au fil des années ne devait pas être conquise en un instant.

"Il y a eu des moments," dit-il d'une voix étouffée et agitée, "où je pensais que tu m'appartenais. Pas ici, mais avant cette vie. Mon âme et mon corps ont donc soif et faim de toi, Margret."

Elle ne répondit pas ; ses mains travaillaient faiblement ensemble, le sang mat s'évanouissait dans ses veines.

Sachant seulement que la nuit la rendait intolérable, qu'elle était seule, qu'elle devenait folle d'être seule. Aucune pensée du ciel ou de Dieu dans son âme : ses yeux avides ne voient que lui. L'homme fort et vivant qu'elle aimait : son cœur fatigué qui battait, qui avait envie de s'allonger une minute sur sa poitrine musclée et d' y mourir, c'était tout.

Elle ne bougeait pas : sous la douleur se trouvait le pouvoir, comme le pensait Knowles.

Il s'approcha et leva les bras vers elle , le visage lourd et magistral pâle et humide.

"J'ai besoin de toi, Margret. Je ne serai rien sans toi, maintenant. Viens, Margret, petite Margret !"

Elle s'approcha alors de lui et lui mit les mains dans les siennes.

"Non, Stephen," dit-elle.

S'il y avait la moindre douleur dans son ton, elle le gardait bas, pour son bien.

"Jamais, je ne pourrais jamais vous aider, comme vous l'êtes. Cela aurait pu l'être une fois. Au revoir, Stephen."

Son attitude enfantine lui rappelait l'époque où cette fille lui était plus chère que sa propre âme. Elle l'était encore. Il la serra contre sa poitrine, la regardant dans les yeux. Elle bougeait avec inquiétude ; elle n'osait pas se faire confiance.

"Tu viendras?" il a dit. "Cela aurait pu être le cas, ce sera encore le cas."

"C'est peut-être le cas", dit-elle humblement. "Dieu est bon. Et je crois en toi, Stephen. Je serai à toi un jour : nous n'y pouvons rien, si nous le voulions : mais pas tel que tu es."

"Tu ne m'aimes pas?" » dit-il en la repoussant, son visage blanchissant.

Elle ne dit rien, rassembla son châle humide autour d'elle et se tourna pour partir. Juste un instant, ils restèrent debout, se regardant. Si la silhouette carrée et sombre qui se tenait là avait été victime d'un destin de fer qui avait piétiné sa jeune vie jusqu'à la faire sombrer dans une misère désespérée, elle l'avait oublié maintenant. Les femmes comme Margret ont tendance à oublier. Son regard ne se relâchait jamais dans sa question féroce.

"Je t'attendrai là-bas, si je meurs avant", murmura-t-elle.

Il s'approcha, attendant une réponse.

"Et… je t'aime, Stephen."

Il la prit dans ses bras et posa ses lèvres froides sur les siennes, sans un mot ; puis se tourna et la quitta lentement.

Elle ne fit aucun signe, ne versa aucune larme, tandis qu'elle se levait et le regardait partir. C'était fini : elle l'avait voulu, elle-même, et pourtant... il ne pouvait pas y aller ! Dieu ne le permettrait pas ! Oh, il ne pouvait pas la quitter , il ne pouvait pas ! Il descendit la colline lentement. Si c'était pour elle une épreuve de vie ou de mort, le savait-il ou s'en souciait-il ? — Il ne regarda pas en arrière. Et s'il ne le faisait pas ? son cœur était vrai ; il souffrait en partant ; même maintenant, il marchait avec lassitude. Dieu lui pardonne si elle lui avait fait du tort ! — Qu'importe, s'il était dur dans cette vie, et que cela lui faisait un peu de mal ? Cela viendrait juste après, au-delà d'un certain temps. Mais la vie était longue. — Elle ne voulait pas s'asseoir, malade comme elle était : il pouvait se retourner, et cela l'irriterait de la voir souffrir. — Il marchait lentement ; une fois, il s'est arrêté pour ramasser quelque chose. Elle vit le visage profondément creusé et les yeux à moitié fermés. Combien de fois ces yeux avaient regardé son âme et elle avait répondu ! Ils n'auraient plus jamais cet aspect. — Il y avait un arbre près de l'endroit où la route tournait vers la ville. S'il revenait, il ne manquerait pas de s'y retourner. — Comme il marchait fatigué et lentement ! — S'il était malade, cette belle femme pourrait être près de lui, — l'aider. — ELLE ne lui toucherait plus jamais la main, — plus jamais, jamais, — à moins qu'il ne revienne maintenant. — Il était près de l'arbre : elle ferma les yeux en se détournant. Lorsqu'elle regarda de nouveau, seule la route nue restait là, jaune et mouillée. C'était fini, maintenant.

Elle ne savait pas combien de temps elle était restée là. Elle essaya une ou deux fois d'aller à la maison, mais les lumières semblaient si lointaines qu'elle y renonça et resta assise tranquille, inconsciente, à l'exception du mur de pierre humide sur lequel sa tête appuyait et du tronçon de route boueuse. Quelquefois, elle ne savait quand, il y eut un pas lourd à côté d'elle, et une main rude serra la sienne là où elle se baissait, traçant faiblement les lignes de mortier entre les pierres. C'était Knowles. Elle leva les yeux, perplexe.

"Chasse aux catarrhes, hein ?" grogna-t-il en la regardant attentivement. " Ton père est sur les Bourbons , alors j'ai profité de l'occasion pour venir te trouver. Il ne ME manquera pas pendant une heure. Cet homme a un désir naturel de trahison contre le peuple. Seigneur, Margret ! quelle vieille tête raide il "Je l'aurais porté à la guillotine ! Comme il aurait regardé la canaille !"

Il l'aida à se relever assez doucement.

"Ton bonnet est comme un chiffon mouillé", - avec un regard furtif sur le visage usé. Un visage toujours affamé, avec sa vie non nourrie de ses quelques miettes de bien ; mais ce soir, il était vide, avec une perte totale.

Elle se leva, essayant de rire joyeusement, et marcha à ses côtés sur la route.

"Vous avez vu ce soir Jézabel peint, et"... s'arrêtant brusquement.

Elle ne l'avait pas entendu, et il la suivit obstinément, avec un reniflement ou un grognement occasionnel ou d'autres insultes inarticulées contre la boue obstinée. Elle s'arrêta enfin, avec un bref halètement. En la regardant, il lui irritait les mains molles , et son visage énorme et grossier pâlissait. Quand elle fut mieux, il dit gravement :

"Je te veux, Margret. Pas à la maison, mon enfant. Je veux te montrer quelque chose."

Il quitta brusquement la route principale et s'engagea dans un chemin secondaire, l'aidant, l'observant furtivement, mais continuant ses grognements décousus et baissiers. Si cela la piquait, la vexait, il s'en fichait.

"Je veux vous montrer un peu l'enfer : la périphérie. Vous êtes en forme : ça vous fera du bien. J'y suis ministre. Le clergé ne peut pas s'en occuper pour l'instant : il est trop occupé." mesurant la vérité de Dieu par la doctrine des États sur les droits, ou la plate-forme de Chicago. En conséquence, la religion cède aux majorités. En êtes-vous capable ? Ce n'est qu'un pas.

Elle continua avec indifférence. La nuit était haletante et sombre. Des rafales noires et humides soufflaient de temps en temps à travers le brouillard sans ciel, frappant son visage d'un frisson. Le Docteur s'arrêta de parler, la pressant, l'observant avec inquiétude. Ils arrivèrent enfin à la voie ferrée, avec de longs trains de wagons vides.

"Nous y sommes presque", murmura-t-il. « Il est temps que vous connaissiez votre travail et que vous oubliiez votre faiblesse. La malédiction des générations choyées. 'Sang haut-normand', — pah !

Il y avait une brèche dans la clôture. Il la conduisit dans une cour boueuse. A l'intérieur se trouvait une de ces tavernes qu'on trouve dans les faubourgs des grandes villes, repaires du vice le plus bas. Celui-ci était une charpente enfumée, posée sur des pilotis au-dessus d'un espace ouvert où s'enracinaient des porcs. Une demi-douzaine d'Irlandais ivres jouaient au poker avec un jeu de cartes graisseux dans une dépendance. Il la conduisit jusqu'à l'échelle branlante jusqu'à la seule pièce, où un bain de suif flamboyant jetait un éclat safran dans l'obscurité. Une odeur putride les accueillit à la porte. Elle recula, tremblante.

"Venez ici!" » dit-il violemment en lui serrant la main. "Des femmes aussi belles et pures que vous sont entrées dans des tanières comme celle-ci, et n'en sont jamais reparties. Votre haleine délicate s'évanouit-elle ? Et vous, un disciple du doux et humble Jésus ! Regardez ici ! et ici !"

La pièce grouillait de vie humaine. Des femmes, des vagabondes oisives, gonflées de whisky, sales, gisaient à moitié endormies ou fumaient sur le sol et formaient un chœur de pleurnicheries lorsqu'elles entraient. Des enfants à moitié nus rampaient en haillons. Sur les murs humides et moisis était accrochée une photo du garçon Benicia, et à proximité, Pio Nono , un bâton à la main, avec l'inscription habituelle : « Nourrissez mes moutons ». Le Docteur l'a regardé.

"'Tu es Petrus, et super hanc '—— Bon Dieu ! qu'est-ce que la vérité ?" marmonna-t-il amèrement.

Il l'attira plus près des femmes, à travers l'obscurité et les odeurs nauséabondes.

"Regardez leurs visages", murmura-t-il. "Il n'y en a pas un qui ne soit un mensonge vivant. Peuvent-ils s'en empêcher ? Pensez aux siècles de servage et de superstition à travers lesquels leur sang a coulé. Approchez-vous , ici."

Dans un coin dormaient un tas de noirs à moitié vêtus. Prendre le chemin de fer clandestin vers le Canada. Des misérables immobiles et sensuels, avec ici et là un front large et mélancolique et des mâchoires désespérées. Un petit pickaninny se frotta les yeux endormis et se moqua d'eux.

"Tant de chair et de sang sortis du marché, sans pesée !"

Margret prit l'enfant dans ses bras et embrassa son visage brun. Knowles la regarda.

" Veux-tu la toucher ? J'avais oublié que tu étais né dans le Sud. Pose-le et viens. "

Ils sont sortis par la porte. Margret s'arrêta, regardant en arrière.

"Est-ce que j'ai appelé cela un peu d'enfer ? Ce n'est qu'un aperçu de la vie souterraine de l'Amérique, – Dieu nous aide ! – où tous les hommes naissent libres et égaux. "

L'air dans le passage devint de plus en plus vicié. Elle se pencha en arrière, faible et frissonnante. Il ne l'a pas écoutée. La passion de cet homme, la terrible pitié pour ces gens, sortaient maintenant de son âme, se tordant le visage et ternissant ses yeux.

« Et vous, » dit-il sauvagement, « vous êtes assis au bord de la route, avec de l'aide dans vos mains et Christ dans votre cœur, et vous appelez votre vie perdue, vous vous disputez avec votre Dieu, parce que cette masse d'égoïsme vous a quitté. " Parce que vous rechignez à espérer ! Regardez ces femmes. Quelle est leur perte, à votre avis ? Revenez en arrière, voulez-vous, et bourdonnez votre vie en pleurnichant sur votre rêve perdu, et allez à Shakespeare pour une tragédie lorsque vous tu le veux ? Tragédie ! Viens ici, laisse-moi entendre comment tu appelles cela.

Il la conduisit à travers le passage, jusqu'à un escalier étroit. Une vieille femme coiffée d'une casquette évasée était assise au sommet, hochant la tête, se réveillant de temps en temps pour se bercer d'avant en arrière et donner un coup de fouet aux Irlandais aigus.

"Vous connaissez ce chauffeur qui a été tué dans le moulin il y a un mois ? Bien sûr que non, que représentent pour vous ces gens-là ? Il y avait une fille qui l'aimait, vous savez ce que c'est ? Elle est morte maintenant, ici. Elle a bu Je veux que vous la regardiez . Vous n'avez pas besoin de rougir de sa vie de honte, maintenant ; elle est morte. — Hetty est-elle là ?

La femme s'est levée.

"Elle l'est, Zur . Elle l'est, Mem. Elle a l'air bien dans son costume du dimanche. Les linceuls sont sortis, Mem, disent-ils."

Elle se pencha sur le sol jusqu'à quelque chose de blanc posé sur une planche, une bougie à la tête, et retira le drap. Une fillette de quinze ans, presque une enfant, gisait en dessous, morte, sa silhouette souple et délicate parée d'une jupe à carreaux sales et d'un corsage de velours taché, le cou et les bras nus. Le petit visage était purement coupé, hagard, patient dans son sommeil, les cheveux doux et blonds rassemblés sur le front fatigué. Margret se pencha sur elle, frissonnante, épinglant son mouchoir autour du cou mort de l'enfant.

"Comme elle est jeune !" marmonna Knowles. "Dieu de miséricorde, comme elle est jeune !... Qu'est-ce que tu dis ?" brusquement, voyant les lèvres de Margret bouger.

"'Celui qui est sans péché parmi vous, qu'il lui jette d'abord une pierre.'"

"Ah, mon enfant, c'est de la philosophie du bon vieux temps. Pose ta main ici, sur son visage mort. Ta perte est-elle comme la sienne ?" dit-il plus bas, regardant la douleur sourde dans ses yeux. C'est ce qu'il appelait une douleur égoïste.

"Laisse-moi partir", dit-elle. "Je suis fatigué."

Il l'emmena sur la route fraîche et dégagée, la conduisant avec assez de tendresse, car la jeune fille souffrait, il le voyait.

"Que ferez-vous?" lui a-t-il alors demandé. "Il n'est pas trop tard, vas-tu m'aider à sauver ces gens ?"

Elle se tordit les mains, impuissante.

"Qu'est-ce que tu veux avec moi?" elle a pleuré. "J'ai assez à supporter."

La silhouette noire et robuste devant elle semblait s'élever et se renforcer ; Le visage de l'homme dans l'applique murale montrait un terrible objectif de vie qui ressortait à nu.

"Je veux que vous fassiez votre travail. C'est dur, cela épuisera vos forces, votre cerveau et votre cœur. Donnez-vous à ces gens. Dieu vous y appelle. Il n'y a personne pour les aider. Abandonnez l'amour et les mesquineries. espoirs des femmes. Aide-moi. Dieu vous appelle au travail.

Elle avançait aveuglément : il la suivait. Pendant des années, il avait mis cette fille à part pour l'aider dans son projet : il ne se laisserait pas rebuter maintenant. Il avait de grands espoirs dans son projet : il entendait donner tout ce qu'il avait : c'était le but le plus noble. Il pensait qu'un jour, cela agirait comme un levain sur la masse purulente du pays qu'il aimait tant et lui donnerait une nouvelle vie. S'il échouait, s'il échouait et sauvait une vie, son œuvre n'était pas perdue. Mais cela ne pouvait pas échouer.

"Maison!" dit-il en l'arrêtant alors qu'elle atteignait l' échalier, " oh, Margret, qu'est-ce qu'il y a à la maison ? Il y a un appel qui monte nuit et jour depuis des maisons comme celle-là là-bas, pour demander de l'aide, - et personne n'écoute. "

Elle était faible ; son cerveau vacilla.

"Est-ce que Dieu m'appelle à ce travail ? Est-ce qu'Il m'appelle ?" elle gémit.

Il la regardait avec impatience.

"Il vous appelle. Il attend votre réponse. Jurez-moi que vous aiderez son peuple. Abandonnez votre père, votre mère et votre amour, et descendez comme le Christ. Aide-moi à donner à ces misérables la liberté, la vérité et l'amour de Jésus. au bord de l'enfer. Vivez avec eux, élevez-les avec vous.

Elle leva les yeux, blanche ; c'était une femme faible, très faible, malade de sa nourriture naturelle qu'est l'amour.

"Est-ce mon travail?"

"C'est ton travail. Écoute-moi, Margret," doucement. "Qui se soucie de vous ? Vous êtes seul ce soir. Il n'y a pas un seul cœur humain qui vous appelle le plus proche et le meilleur. Frissonnez, si vous voulez, c'est vrai. L'homme pour lequel vous avez gaspillé votre âme vous a quitté dans la nuit. et froid pour aller vers sa fiancée, — est assis à côté d'elle maintenant, lui tenant la main dans la sienne.

Il attendit un moment, la regardant, jusqu'à ce qu'elle comprenne.

"Pensez-vous que vous méritiez cela de Dieu ? Je sais que là-bas, sur la route boueuse, vous l'avez regardé et saviez que ce n'était pas juste ; que vous aviez bien fait, et que ceci était votre récompense. Je sais que pendant ces deux années vous avez fait confiance au Christ que vous adorez pour arranger les choses, pour répondre au désir de votre cœur. L'a-t- il fait ? A-t- il entendu votre prière ? Se soucie-t-il de votre faible amour, alors que les nations de la terre s'effondrent ? Votre pauvre espérance lui appartient-elle, alors que le pays même dans lequel vous vivez n'est qu'un pressoir qui sera un jour foulé par l'ardeur et la colère du Dieu Tout-Puissant ? Ô Christ ! — s'il existe un Christ — aide-moi à le sauver. !"

Il leva les yeux, le visage blanc de douleur. Au bout d'un moment, il lui dit :

"Aidez-moi, Margret ! Votre prière était égoïste ; elle n'a pas été entendue. Abandonnez votre vain espoir que le Christ vous aidera. Jurez-moi, cette nuit où vous avez tout perdu, de vous consacrer à cette œuvre."

La tempête avait été sombre et venteuse : elle se dissipait maintenant lentement, la chaude pluie d'été tombait doucement, le bleu frais disparaissant largement derrière le gris. Cela sembla à Margret comme une bénédiction ; car son cerveau se releva plus fort, plus sain.

"Je ne jurerai pas", dit-elle faiblement. "Je pense qu'il a entendu ma prière. Je pense qu'il y répondra. Il était un homme et il aimait comme nous. Mon amour n'est pas égoïste ; c'est le meilleur cadeau que Dieu m'a fait."

Knowles l'accompagna lentement jusqu'à la maison. Il n'était pas déconcerté. Il savait que la lutte était encore à venir ; que, lorsqu'elle était seule, sa foi dans le Christ lointain faiblissait ; qu'elle s'accrocherait à ce travail, pour remplir ses mains vides et son cœur affamé, ne serait -ce que pour une autre raison, pour étouffer par le sens du devoir son inexprimable sentiment de perte. Il était profondément lu dans le cœur des femmes, ce Knowles. Il la quitta silencieusement et elle traversa le passage sombre jusqu'à sa propre chambre.

Enlevant son châle humide, elle s'assit par terre, appuyant sa tête sur une chaise basse, celle que son père lui avait offerte pour Noël lorsqu'elle était petite. Comme Holmes et son père s'aimaient l'un l'autre ! Chaque Noël, il passait avec eux. Elle se souvenait de tous maintenant. "Il était assis à côté d'elle maintenant, lui tenant la main dans la sienne." Elle se dit cela, même si ce n'était pas difficile à comprendre.

Après un long moment, sa mère est venue avec une bougie à la porte.

"Bonne nuit, Margret. Eh bien, tes cheveux sont mouillés, mon enfant!"

Car Margret, en l'embrassant pour lui souhaiter une bonne nuit, avait posé une minute sa tête sur sa poitrine. Elle caressa les cheveux un instant, puis se détourna.

"Mère, pourrais-tu rester avec moi ce soir ?"

"Eh bien, non, Maggie, ton père veut que je lui fasse la lecture."

"Oh, je sais. Est-ce que je lui ai manqué ce soir, père ?"

"Pas grand-chose ; nous parlions du bon vieux temps, en Virginie, vous savez."

"Je sais; bonne nuit."

Elle est retournée à la chaise. Tige était là, car il passait la moitié de son temps à la ferme. Elle passa son bras autour de sa tête. Dieu sait à quel point la pauvre enfant se sentait seule lorsqu'elle attirait si chaleureusement le chien contre son cœur : pas seulement pour le bien de son maître ; mais c'était tout ce qu'elle avait. Il finit par se fatiguer et gémit en essayant de sortir.

« Veux-tu y aller, Tige ? dit-elle en ouvrant la fenêtre.

Il sauta et elle le regarda se diriger vers la ville. C'était une si petite chose ! Mais pas même un chien « l'appelait le plus proche et le meilleur ».

Gardons le silence ; l'histoire de la nuit n'est pas à nous de lire. Pensez-vous que Celui qui, dans la vie lointaine et obscure, tient les mondes entre ses mains, savait ou se souciait de la solitude de l'enfant ? Et si elle se tordait les mains maigres, tombait malade à cause de larmes lentes, folles et solitaires ? — le monde n'était-il pas à sauver, comme le disait Knowles ?

Lui aussi était seul ; Il était venu vers les Siens, et les Siens ne l'ont pas reçu : ainsi, tandis que le monde en lutte se reposait, inconscient, dans le calme infini du droit, Il s'est approché d'elle avec des yeux humains qui avaient aimé, et non été aimés, et qui avaient souffert. avec cette douleur. Et, lui faisant confiance, elle dit seulement : « Montre-moi mon œuvre ! Toi qui enlèves la douleur du monde, aie pitié de moi !

CHAPITRE VII.

Pour cette nuit-là, au moins, Holmes a balayé son âme du doute et de l'indécision ; une de ses natures était vaincue, enfin, pensa-t-il. Polston , s'il avait vu son visage alors qu'il marchait lentement dans la rue pour rentrer au moulin, se serait souvenu de celui de sa mère le jour de sa mort. Comment la vieille femme sévère a rencontré la mort à mi-chemin ! pourquoi aurait-elle peur ? elle était aussi forte que lui. En quoi avait-elle manqué à son devoir ? ses mains étaient propres : elle allait recevoir sa juste récompense.

Bien sûr, c'était différent avec Holmes, avec son âme qui existe en soi. C'était la vie qu'il acceptait ce soir, pensa-t-il, une vie de croissance, de travail , de réussite, éternelle.

" Ohne Hast, mais ohne Rast , "- mots favoris avec lui. Il aimait étudier la nature de l'homme qui les prononçait; parce que, je pense, c'était comme le sien , - une force d'endurance de Titan, une capacité infinie d'amour et de haine, et la souffrance, et par-dessus tout (l'identité particulière de l'homme), un œil froid et spéculatif de la raison, qui regardait la passion et les profondeurs de son moi grandissant et les notait calmement, une leçon pour toujours.

" Ohne Hast." Traversant lentement la nuit, il se fortifia en remarquant comment toutes choses dans la nature accomplissent une vie parfaite grâce à une lente et étroite fixité de but, chaque vie étant complète en elle-même : pourquoi pas la sienne, alors ? Le gris sans vent, les étoiles, la pierre sous ses pieds, se tenaient seuls dans l'univers, chacun mettant sa propre âme en action. S'il existait une harmonie globale, une seule âme à travers tout, il ne l'a pas vu. Knowles, ce vieux sceptique, y croyait et l'appelait Amour. Même Goethe lui-même, qu'a-t-il dit ? "Der Allumfasser , der Allerhalter , fasst und erhalt er nicht , dich, mich , sich soi-même ?"

Il y avait une curieuse puissance dans les mots, tandis qu'il s'y attardait, comme une musique à moitié comprise , aussi simples et tendres que s'ils étaient venus du plus profond du cœur d'une femme : cela le touchait plus profondément que son pouvoir de contrôle. Pah ! c'était un rêve de Faust ; lui aussi avait sa Margaret ; il est tombé, à cause de cet amour.

Il se dirigea lentement vers le moulin. Si le nom ou les mots éveillaient un subtil remords ou un désir, il les enfouissait dans un calme reposant. S'ils devaient un jour se lever comme des fantômes en colère de ce qui aurait pu se passer, pour narguer l'homme, seul l'avenir pourrait le dire.

En parcourant les rues éclairées au gaz, Holmes rencontrait à chaque détour un accueil cordial. Quel homme juste et intelligent il était ! les gens disaient : un de ces hommes améliorés par le succès : juste au point de se tromper lui-même : voyait la vraie valeur de chacun, la plus basse : n'avait pas une étincelle d'estime de soi : méprisait toutes les bêtises et les spectacles, on pouvait le voir, cependant il ne l'a jamais dit : quand il était enfant, il était maussade, avec des goûts et des aversions passionnés ; mais le succès l'avait considérablement amélioré. Holmes était donc populaire, même si les mendiants l'évitaient et que les joueurs d'orgue italiens paresseux ne lui présentaient jamais leurs tambourins.

La rue du moulin était sombre ; le bâtiment jetait sa grande ombre sur la place. C'était vide, supposait-il ; il ne restait généralement qu'une main à tenir dans les feux des fourneaux. En passant par l'un des passages inférieurs, il entendit des voix et se détourna pour examiner. La gestion n'était pas stricte, et en cas d'incendie le moulin n'était pas assuré : tout comme l'imprudence de Knowles.

C'était Lois et son père, Joe Yare étant le nourrisseur ce soir-là. Ils se trouvaient dans l'une des grandes chaufferies de la cave, un endroit très confortable par cette nuit d'orage. Deux ou trois portes des larges fours en briques étaient ouvertes, et le feu jetait une lueur rougeoyante sur le sol de pierre et miroitait dans les recoins sombres de l'ombre, très familiers après la pluie et la boue du dehors. Lois semblait le penser, en tout cas, car elle avait fait une table à partir d'une boîte de rangement, y avait posé un drap blanc et était occupée à préparer un dîner régulier pour son père, à genoux devant les braises rouges. , retournant quelque chose sur une plaque de fer, tandis que quelques tranches de jambon dégageaient un nuage d'odeur juteuse et affamée.

Le vieux chauffeur venait de finir d'éteindre le feu et posait sur la table des assiettes bleues qu'il redressait gravement. Il avait vieilli, comme Polston dit : Holmes vit, très penché, avec une toux sourde et saccadée ; ses vêtements grossiers étaient curieusement propres : c'était pour plaire à Lois, bien sûr. Elle posa le jambon sur la table et du café bouillonnant, puis, d'une planche en hickory devant le feu, sortit d'un coup sec des tranches brunes et feuilletées de Virginia Johnny-cake.

" Ils sont , père, chauds et chauds", avec son visage en feu ,— " ils sont , ils vous persuadent de manger. —Pourquoi, M. Holmes ! Père ! Maintenant, ef ouais oui , il ne l'aurait pas fait il avait ton dîner ?"

Elle s'approcha, d'un air câlin. Quels yeux bruns maussades le pauvre infirme avait-il ! Il n'y a pas si longtemps, il se serait assis avec les deux pauvres âmes et en aurait fait un copieux repas : il n'avait plus de cœur pour de telles folies maintenant.

Le vieux Yare se tenait à l'arrière-plan, son chapeau à la main, courbé à sa manière de nègre soumis, regardant Holmes avec effroi.

"Tu restes ici, Lois ?" » demanda-t-il gentiment en tournant le dos au vieil homme.

" Seulement pour lui apporter son souper. Je ne pouvais pas rester toute la nuit au moulin , " la vieille ombre apparaissant sur son visage, — " Je ne pouvais pas, tu sais. Cela ne le dérange pas. "

Elle jeta un coup d'œil rapide de l'un à l'autre en silence, voyant la peur sur le visage de son père.

"Tu sais, père, M. Holmes ? Il est de retour maintenant. C'est lui."

Le vieil homme s'avança humblement.

"C'est moi, Maître Stephen."

Le visage maussade et furtif dégoûtait Holmes. Il hocha brièvement la tête.

" Yoh a été gentil avec ma petite fille pendant mon absence, " dit-il en reprenant son souffle. "Je te remercie , Marster . "

"Ce n'est pas nécessaire. C'était pour Lois."

"C'était pour elle que je suis revenu pour elle . C'était une demande ," - avec un regard muet de supplication à Holmes, - "mais pour elle, j'avais l'intention d'essayer. Je sais que c'était une demande ; mais Je pense qu'ils seront miséricordieux en tant que fourrure soignée. Lo sera miséricordieux. C'est une bonne fille, Lo. Elle est tout ce que j'ai .

Lois a apporté une boîte, la trimballant lourdement.

"Nous avons pas des chaises; mais vous allez vous asseoir, M. Holmes ? » riant alors qu'elle le recouvrait d'un tissu. « Il ferait un endroit chaud, ici. Mon père étudie avec sa montre et je suis professeur", montrant le vieux livre d'orthographe déchiré.

Le vieil homme s'avança avec impatience, voyant le sourire s'afficher sur le visage de Holmes.

"C'est un travail lent, Marster ,— lent. Mais Lo est un bon professeur, et j'essaye , — j'essaie dur."

"Ce n'est pas lent, monsieur, vu que mon père avait n'a pas d' avantages , comme moi. Il était un"--

Elle s'arrêta, baissant la voix, une rougeur de honte sur le visage.

"Je sais."

" Ce n'est pas ça , excuse -moi , Marster , vu que je savais nuit au début ? Alors merci, Marster . J'essaie d' être un homme différent. Fourrure Lo. J'essaie . "

Holmes ne le remarqua pas.

"Bonne nuit, Lois," dit-il gentiment alors qu'elle allumait sa lampe.

Il a mis de l'argent sur la table.

"Tu dois le prendre", alors qu'elle avait l'air mal à l'aise. "Pour le conseil d'administration de Tiger, disons. Je ne le vois jamais maintenant. Une nouvelle robe brillante, souviens-toi."

Elle le remercia, les yeux brillants en regardant le manteau rapiécé de son père.

Le vieil homme suivit Holmes.

" Maître Holmes "——

"J'en ai fini avec ça," dit Holmes sévèrement. "Quiconque enfreint la loi la respecte. Cela ne me regarde pas."

Le vieil homme joignit violemment les mains, luttant pour se taire.

" Personne ne le sait à part vous , " dit-il d'une voix étouffée. " Pour l'amour de Dieu, sois miséricordieux ! Ça tuera ma fille, ça va la tuer. Donne-moi une chance, Marster . "

"Vous me dérangez. Je dois faire ce qui est juste."

"Ce n'est pas juste", dit-il sauvagement. « A quoi ça me servirait d' y retourner ? Je descendais , descendais , et j'amenais les autres avec moi . J'ai peur ? C'est difficile d'apprendre par peur. Qui m'a appris ce qui était juste ? Qui s'en souciait ? Aucun homme ne se souciait de mon âme, jusqu'à ce que je vole et vole ; et ensuite le juge, le jury et les geôliers étaient heureux se jeter sur moi, est-ce que tu veux donne- moi une chance ? est-ce que tu veux ?"

C'était un visage désespéré devant lui ; mais Holmes n'a jamais connu la peur.

"Écartez-vous", dit-il doucement. "Demain, je te verrai. Tu n'as pas besoin d'essayer de t'échapper."

Il le dépassa et remonta lentement le moulin vacant jusqu'à sa chambre.

L'homme s'assit quelques instants sur la marche inférieure, tout à fait silencieux, écrasant son chapeau d'une manière lente et régulière, levant les yeux vers les toiles d'araignées moisies sur le mur. Il se leva enfin et entra auprès de Lois. Avait-elle entendu ? Le vieux visage cicatrisé de la jeune fille paraissait des années plus vieux, pensa-t-il, mais c'était peut-être de la fantaisie. Elle ne dit rien pendant un moment, avançant lentement, avec une douceur nouvelle, à son sujet ; sa voix même était changée, plus âgée. Il essaya d'être joyeux en mangeant son souper : elle n'aurait besoin de le savoir que demain. Il quitterait la ville ce soir, ou... Il y avait différentes manières de s'échapper. Quand il eut fini, il lui dit de partir ; mais elle ne le ferait pas.

"Laissez-moi rester jusqu'à la nuit", dit-elle. "Je n'ai pas peur du moulin ."

"Eh bien, Lo," dit-il en riant, " tu disais que ta mort était cachée ici, quelque part ."

"Je sais. Mais il n'y a pire ni la mort. Mais ça viendra bien", dit-elle avec insistance, murmurant pour elle-même, tandis qu'elle appuyait son visage sur ses genoux et observait, "ça viendra bien."

Les ombres scintillantes changèrent et s'estompèrent pendant une heure. L'homme resta assis tranquillement. Au cours des années écoulées, il n'y avait pas grand-chose pour adoucir sa pensée, à mesure qu'elle devenait désespérée et cruelle : l'oppression et les vices s'accumulaient sur lui et étaient rejetés hors de son cœur amer. Ni grand-chose dans le futur : une séquence de punition vide jusqu'au bout. C'était un vieil homme : était-ce facile à supporter ? Et s'il était noir ? et s'il était né voleur ? Et si toutes les vengeances maussades de sa nature avaient fait de lui un paria parmi les pauvres les plus pauvres ? N'y avait-il aucun bien latent dans cette âme pour laquelle Christ est mort, qu'une main bienveillante n'aurait pu faire revivre ?

Aucun? Quelque chose, je pense, se souleva au contact de sa main, attrapant le pan de sa robe d'enfant, quand elle s'approchait de lui, avec la tendresse timide d'une mère touchant les cheveux de son bébé mort, — comme quelque chose de sacré, lointain, mais pourtant lointain. très proche : quelque chose dans son vieux visage marqué par le crime, — un air comme celui de ce chien, posant sa tête sur mes genoux, — un amour muet et inutile dans ses yeux, et le lent souvenir d'un tort fait à son âme en un jour. passé depuis longtemps. C'est peut-être un tort pour tous deux, dites-vous ; mais si tel est le cas, irréparable et ne devant jamais être récompensé. Jamais?

"Tu dois y aller, ma petite fille", dit-il enfin.

Quoi qu'il ait fait, il faut le faire rapidement. Elle s'approcha, peignant les fins cheveux gris entre ses doigts.

"Père, je ne sais pas comprendre ce que c'est, à juste titre. Mais reste avec moi, reste, père ! »

" Yoh, tu as beaucoup d'amis , Lo ", dit-il avec un vif éclair de jalousie. " Il n'y en a pas comme toi , aucun."

"Père, regarde ici."

Elle posa sa tête déformée et ses cicatrices sur sa main, là où il pouvait les voir. Si jamais cela lui avait fait mal d'être telle qu'elle était, si jamais elle s'était jamais comparée amèrement à des femmes belles et bien-aimées, elle était maintenant heureuse et reconnaissante pour chaque faute et difformité qui la rapprochait de lui et la rendait plus chère.

"Ils sont gentils, mais il n'y en a pas beaucoup qui m'aiment avec un véritable amour, comme toi . Reste, père ! Supporte-le, quoi qu'il en soit. Le bon moment viendra, père."

Il l'embrassa sans rien dire et l'accompagna dans la rue. Lorsqu'il la quitta, elle attendit et, reculant, se cacha près du moulin. Dieu sait quelle vague peur il y avait dans son cerveau ; mais elle est revenue pour surveiller et aider.

Le vieux Yare errait dans les grandes salles de métiers du moulin avec un seul fait clair dans sa perception trouble et chancelante : au-dessus de lui dormait tranquillement un homme qui lui apporterait pire que la mort demain. De haut en bas, sans but, avec son flambeau de chauffeur à la main, parcourant les années passées et les années à venir, avec la haine morte qui traversait tout l'homme impitoyable au-dessus de lui, - avec de temps en temps, peut-être, une pensée plus agréable des choses. qui avait été chaleureux et joyeux dans sa vie, - des décorticages de maïs il y a longtemps, quand il était enfant, dans " l' Alabama " , - du chaland que son jeune maître lui avait donné une fois, la première chose qu'il avait vraiment possédé : il en était presque aussi fier qu'il l'était de Lois à sa naissance. Se souvenant surtout des bons moments de sa vie, il retourna auprès de Lois. Tout était bien là-bas pour y retourner. Quelle petite joufflue elle était ! Se souvenant, avec d'amers remords, que toute sa vie il avait eu l'intention d'essayer de faire mieux, à cause d'elle, mais qu'il n'avait cessé de remettre à plus tard et de remettre à plus tard jusqu'à présent. Et maintenant... N'avait-il rien d'autre devant lui que de retourner pourrir là-bas ? Était-ce la fin, parce qu'il n'avait jamais appris mieux et qu'il était un « putain de nègre » ?

"Je ne quitterai PAS ma copine !" murmura-t-il en montant et descendant : « Je ne quitterai PAS ma fille !

Si Holmes dormait au-dessus de lui, l'épreuve du jour, dont nous n'avons rien vu, revenait plus vivement dans le sommeil. Tandis que le moi fort de l'homme restait engourdi, quelle que soit la puissance plus sainte qui était en lui, intrépide et infatigable, sortit, et prit la forme de rêves, ces messagers méprisés de Dieu, pour l'apaiser, le charmer et l'amener à se sentir plus pleinement, une vie plus douce. Espérons qu'ils l'aient gagné ; espérons que même dans ce monde irréel, la meilleure nature de l'homme a finalement triomphé et a réclamé sa récompense avant que la terrible réalité ne s'abatte sur lui.

Lois, là-bas, dans la cour à bois humide et odorante, était assise, lovée dans l'une des maisons crevassées par les planches à saillie. Elle se souvenait de la façon dont elle y jouait avant d'entrer au moulin. Le moulin, — même maintenant, avec la vague crainte d'un mal incertain à venir, le moulin absorbait toute peur dans sa vieille ombre détestée. Quel que soit le danger qui les guettait, il résidait en lui, en venait, elle le savait, dans sa façon de penser confuse et floue. Il apparaissait maintenant, avec au-dessus un carré de ciel cendré, noir, lourd d'années d'agonie et de perte rappelées. Dans la vie pleine d'espoir et chaleureuse de Lois, c'était le seul monstre incompréhensible . Son cerveau écrasé, ses pouvoirs non éveillés , ressentaient vaguement le tort causé à la masse de fer, de travail et d'odeurs impures, inconscients du pouvoir impitoyable qui les exerçait. C'était un monstre, pensa-t-elle, à travers la nuit endormie et effrayante, un monstre qui la tenait éveillée avec une terreur sourde et mystérieuse.

Quand la nuit devint étouffante et profonde, elle sortit de sa demi-somnie pour voir son père sortir furtivement et descendre la rue. Elle avait dû dormir, pensa-t-elle en se frottant les yeux et en l'observant hors de vue, puis, sortant en rampant, elle se tourna vers le moulin. » cria-t-elle, criarde d'horreur. C'était maintenant un monstre vivant, — en un instant rapide, vivant de feu — un feu rapide et avide, sautant comme des langues de serpents hors de ses cent mâchoires, des nappes de flammes affamées se tordant vers elle et, sous tout cela, un bruit sourd et terne. rugissement creux qui secoua la nuit. Est-ce que cela l'a appelée à sa mort ? Elle se tourna pour voler, et puis... Il était seul, mourant ! Il avait été si gentil avec elle ! Elle se tordit les mains et resta là un moment. C'était un espoir courageux qui était dans son cœur, et une prière sur ses lèvres ne restait jamais sans réponse, alors qu'elle boitait, de sa manière lente et boiteuse, jusqu'à la porte noire ouverte et, d'un seul regard en arrière, elle entra.

CHAPITRE VIII.

Il y avait une odeur sourde de camphre ; une sensation supplémentaire de fraîcheur et de picotement humide sur le visage et les mains brûlants et craquelés de Holmes ; puis faites silence et dormez à nouveau. Parfois — quand, il ne le savait jamais — une lumière grise lui piquait les yeux comme une douleur, et encore une fois un lent enfoncement dans une obscurité chaude et insondée et une inconscience. Cela peut prendre des années, cela peut prendre des siècles. Même dans l'au-delà, avec le recul, il n'a jamais divisé ce temps en semaines ou en jours : les gens pouvaient ainsi le diviser pour lui, mais il était toujours incertain : c'était un vague vide dans sa mémoire : il avait dérivé du grossier , j'ai mesuré la vie dans quelque côte de l'éternité et j'ai dormi dans son calme. Lorsque, peu à peu, le choc de la vie extérieure le secoua et le réveilla, ce fut faiblement : il revint à contrecœur, faible : le calme s'accrochait à lui, comme s'il s'était noyé dans le Léthé et lui avait apporté sa brume apaisante avec lui hors de l'ombre.

Le bavardage sourd des voix, le relèvement occasionnel de la tête sur l'oreiller, la boisson très apaisante, lui parurent d'abord irréels : seulement des parties du plaisir ennuyeux et sans vie. Un souvenir plus aigu le transperçait parfois, le faisant gémir et essayer de s'endormir, un souvenir d'une douleur intense et déchirante, d'une chute vertigineuse, d'un devoir de vie à quelqu'un et d'une colère de le devoir, dans la douleur. Était-ce lui qui l'avait supporté ? Il ne savait pas, et ne s'en souciait pas : cela le fatiguait de penser. Même lorsqu'il entendait le nom de Stephen Holmes, celui-ci n'avait qu'une signification lointaine : il ne se réveillait jamais suffisamment pour savoir si c'était le sien ou non. Il apprit longtemps après à regarder la lumière rouge s'enrouler parmi les copeaux de la cheminée quand on faisait du feu le soir, à écouter les voix des femmes près du lit, à savoir que la plus agréable appartenait à celle qui avait le lit. silhouette basse et informe, et de l'appeler Lois, quand il avait envie de boire un verre, bien avant de se connaître.

Ce furent des journées très longues et agréables au début du mois de décembre. Le soleil était pâle, mais il convenait mieux à ses yeux blessés : il se glissait lentement le matin sur le tapis couleur tabac du sol, jusqu'au pied de lit brun du lit, et, lorsque le vent secouait les rideaux des fenêtres, il faisait au plafond de petites flaques cramoisies de lumière tachetée , des flaques caillouteuses qu'il aimait observer : s'éloignant des murs gris et propres, des rideaux bruissants et du cramoisi transparent, dans des sommeils qui duraient toute la journée.

Il ne savait pas comment il savait qu'il se trouvait dans un hôpital : mais il le savait, vaguement ; je pensais parfois aux longs couloirs devant la porte, sur lesquels s'ouvraient des rangées de pièces, comme celle-ci, et à de véritables granges de pièces de l'autre côté du bâtiment avec des rangées de lits blancs où reposaient les patients les plus pauvres : un tronçon de voyage d'où son cerveau revint à sa cheminée douillette, assez fatigué, et à Lois assise en train de tricoter près d'elle. Il appelait aussi la petite Galloise « Sister », qui avait l'habitude de venir en robe d'étoffe et avec des bandes blanches autour du visage pour lui donner ses médicaments et bavarder avec Lois le soir : elle avait une voix comique, comme un grillon gazouille. Il y en avait une autre, avec un vrai accent écossais, qui venait parfois écouter, apportant un panier de bas non reprisés : le médecin lui raconta un jour combien elle était intrépide et adroite , se rendant chaque été à la Nouvelle-Orléans lorsque la fièvre jaune arrivait. Elle y mourut en juin suivant : mais Holmes ne parvint jamais, d'une manière ou d'une autre, à considérer comme un martyr la femme joyeuse au visage couvert de taches de rousseur dont il se souvenait toujours en train de raccommoder des bas à la douce lueur du feu. C'était très calme ; les voix autour de lui étaient agréables et basses. S'il était passé d'un choc de douleur à un sommeil semblable à la mort, une partie du calme persistait encore autour de lui ; mais la vie extérieure était simple, fraîche et naturelle.

Le docteur lui parlait un peu ; et parfois un ou deux patients du service ophtalmologique se lassaient de rester assis dans les allées du jardin et flânaient si Lois leur en donnait la permission ; mais leur conversation le fatiguait, le choquait aussi étrangement que si l'on avait commencé par parler de politique et de courants de prix auprès des âmes silencieuses d'Hadès. C'était assez de réflexion pour qu'il écoute les histoires chuchotées des sœurs dans les longues soirées, et, à moitié entendues, essaie d'y mettre un terme ; regarder avec somnolence le jardin, où le soleil de l'après-midi était encore si estival que quelques roses trémières persistaient à montrer leurs honnêtes visages rouges le long des murs, et les feuilles mêmes qui remplissaient les allées ne se fanaient pas, mais maintenaient un brun vermeil sain. L'une des sœurs avait une basse-cour à l'intérieur, qu'il pouvait voir : le mur qui l'entourait était en pierre recouvert d'un lichen à plumes brunes sur lequel tous les coqs de cette cour étaient déterminés à se tenir debout ou à périr dans cette tentative ; et Holmes observait, à travers les matinées calmes et lumineuses, l'ambition frénétique de l'aspirant à succès avec un sourire amusé.

"On aurait pu penser ", dit sagement Lois, "une poule ne s'est jamais tenue sur un mur auparavant pour les entendre , ni une poule n'a pondu un œuf."

Holmes ne sourit pas non plus parce que l'homme burlesque au poulet : sa pensée était encore trop simple pour cela. Il lui fallut également longtemps avant de penser aux gens qui entraient tranquillement pour le voir comme autre chose que des ombres, ou qui souhaitaient qu'ils reviennent.

Lois, peut-être, était alors pour lui la chose la plus réelle dans la vie : prendre conscience, jour après jour, alors qu'il l'observait, de son ancienne vie au-dessus du golfe. Très lentement conscient : avec un faible tâtonnement pour comprendre le changement soudain et terrible qui s'était produit sur lui, puis oubliant son ancienne vie, et le changement, et la pitié qu'il ressentait pour lui-même, dans le contenu vague de la pièce éclairée par le feu. , et sa nourrice avec son interminable tricot pendant les longs après-midi, tandis que le ciel au dehors devenait plus épais et gris, et que quelques flocons de neige encore tombaient pour blanchir les champs bruns, - sans penser glaciale à l'hiver, mais seulement pour rendre l'automne tranquille plus calme. Quelle que soit l'affection honnête et banale qu'il y avait chez cet homme, elle l'exprimait d'une manière simple à cette Lois, qui régnait sur ses caprices et ses croches malades d'une manière si calme et si ferme. Non pas parce qu'elle avait risqué sa vie pour sauver la sienne ; même lorsqu'il comprenait cela, il s'en souvenait avec une profonde et inquiète gratitude ; mais les boissons qu'elle lui préparait, et le complot qu'ils avaient mis en place pour introduire clandestinement des huîtres au mépris de toutes les règles, et le visage joyeux et grêlé, il n'a jamais oublié.

Le docteur Knowles venait parfois, mais rarement : il ne parlait jamais, quand il venait : généralement tard dans la soirée ; puis il se frappait la peau, regardait sa langue, et secouait les bouteilles sur la cheminée avec un grognement qui terrifiait Lois. dans la conviction que l'autre médecin était un charlatan et que son patient était totalement perdu. Il s'asseyait, assez maussade , les pieds plus hauts que la tête, mâchant un cigare non allumé, et les laissait tous deux reconnaissants quand il jugeait opportun de partir.

La vérité est que Knowles n'était absolument pas à sa place dans ces petits ateliers de réparation appelés chambres de malades, où les corps sont mis en pièces et les âmes réparées. Il n'avait aucune confiance en vos guérisons lentes et impalpables : toutes les réformes devaient s'accomplir à coups de clé, depuis l'abolition de l'esclavage jusqu'à l'arrachage d'une dent.

Il n'avait pas non plus de sympathie particulière pour Holmes : les hommes étaient nés dans la vie à partir de pôles opposés ; et avec toute la tendresse réelle qui se cachait sous son habit revêche et robuste, il aurait été difficile de le toucher avec la fin soudaine qui s'abattait sur cet homme. jeté estropié et sans le sou sur le monde, impuissant, pourrait-il être, pour la vie. Il aurait eu tendance à vous dire, sauvagement, qu'« il a travaillé pour cela ».

En plus, cela le mettait en colère de rencontrer les sœurs. Knowles aurait pu vous esquisser avec une belle décision le rôle joué par le pouvoir papal dans le progrès de l'humanité, jusqu'à quel point il a servi de tremplin et la période exacte où il est devenu un obstacle ennuyeux. Le monde en avait fini avec ça maintenant, complètement. Son souffle n'était qu'empoisonné, avec la mort prochaine. Ainsi, la charité simple et vivante de ces femmes, leur travail, qu'aucune autre main n'était prête à assumer, heurtaient sa théorie abstraite et l'irritaient, comme un fait obstiné tombe toujours entre les mains d'un homme déterminé à s'emparer du au cœur même du sujet. La vérité ne sera pas sous-jacente à tous les faits, dans ce monde confus, malgré la philosophie positive, vous savez.

Ne vous moquez pas de Knowles. Votre propre cerveau clair et tolérant, qui reflète tous les hommes et toutes les croyances, comme une eau incolore , puisant la vérité de tous, est sans doute très différent de cette âme étroite et solitaire, qui pensait que le monde attendait qu'il combatte la sienne. le mal avant qu'il ne poursuive son chemin lent. Un fanatique intolérant, bien sûr. Mais la vérité qu'il connaissait était si terriblement réelle pour lui, il y avait une pitié si malade et lancinante dans son cœur pour les hommes qui souffraient comme lui ! Et puis, les fanatiques doivent écrire l'histoire pour que les hommes conservateurs puissent en tirer des leçons, je suppose.

Si Knowles évitait l'hôpital, il y avait un autre endroit qu'il évitait davantage : l'endroit où auraient dû se dresser ses bâtiments communistes. Il y est allé une fois, comme on peut y aller seul pour enterrer ses morts hors de sa vue, le lendemain de l'incendie du moulin , - regardant d'abord la masse fumante de briques chaudes et de bardeaux calcinés, afin de comprendre clairement à quel point il était complètement mort. son projet de toute une vie l'était. Il en fit le tour gravement, les mains dans les poches ; les hodmen qui retiraient de leurs cendres le bois de chauffage de leur hiver remarquaient que "le vieux Knowles ne semblait pas du tout découragé à ce sujet". Puis il se rendit à la ferme qu'il avait l'intention d'acheter, comme je vous l'ai dit, et la regarda avec le même regard impassible. C'était une journée maussade en octobre. La rivière rampait tristement à ses pieds, la prairie lugubre s'étendait tristement de l'autre côté, tandis que les collines aux sourcils épais de l'Indiana se dressaient solennellement vers le bas du plateau où les bâtiments auraient dû s'élever.

Eh bien, la plupart des hommes ont un plan de vie dans lequel entrent toute la force et le sentiment vif et fin de leur nature ; mais en général , ils essaient de le rendre réel dès leur prime jeunesse, et, rechignant alors, se moquent toujours ensuite de leur propre folie. Ce pauvre vieux Knowles avait commencé à bloquer son rêve alors qu'il était un homme maigre et aux cheveux gris, âgé de soixante ans. J'ai connu des hommes qui mettaient tellement le sang de leur cœur et leur cerveau dans leur travail que, lorsque celui-ci s'effondrait, leur vie s'en allait avec. Le sien est tombé ce jour maussade d'octobre ; mais si cela lui faisait mal, personne ne le savait. Il resta assis là, regardant le large plateau, sifflant doucement pour lui-même pendant un long moment. Il avait voulu dire qu'un grand nombre de cœurs y seraient rendus meilleurs et plus heureux ; il avait rêvé — Dieu sait de quoi il avait rêvé, dont cette réalité était le fondement — de combien de liberté mondiale, ou de beauté, ou de vie bienveillante, c'était le cœur ou la graine. Tout était fini maintenant. Tout l'après-midi, le ciel boueux restait bas au-dessus des collines et de la morne prairie, tandis qu'il restait assis là à regarder l'obscurité lugubre : tout comme vous et moi l'avons fait, peut-être, quelque temps, contrarié dans un véritable espoir, douloureux et amer contre Dieu. , parce qu'Il n'a pas vu à quel point Son univers avait besoin de notre réforme favorite.

Il se leva enfin et, sans soupirer, s'éloigna lentement, laissant derrière lui le courage et l'autonomie de sa vie, enterrés avec ce beau et juste rêve de la vie. Il n'est plus jamais revenu. Les gens disaient que Knowles était plus silencieux depuis sa perte ; mais je pense que seul Dieu a vu la profondeur de la différence. Ce jour-là, en quittant le plateau, il le regarda comme pour dire au revoir , non pas aux champs crasseux et à la rivière, mais à Quelque chose qu'il avait nourri si longtemps dans son cœur robuste et qu'il avait abandonné. maintenant et pour toujours. Tandis qu'il regardait, le soleil chaud et rouge apparut, illuminant d'une chaleur chaleureuse toute la journée grise. Une puissance de bénédiction semblait le regarder depuis ce cimetière de ses espoirs, depuis les collines sombres, la prairie et la rivière, qu'il ne reverrait plus jamais. Son espoir accompli n'aurait pas pu le regarder avec un contenu et un accomplissement plus sûrs. Il se détourna, ingrat et maussade. Longtemps après, il se souvint du calme et de la clarté pour lesquels sa main n'avait pas été levée, et comprit le sens de sa promesse.

Il se mettait sérieusement au travail : il devait travailler pour gagner son pain, vous comprenez ? Agité, impatient au début ; mais nous lui pardonnerons cela : vous n'avez peut-être pas été tout à fait soumis vous-même lorsque l'espérance de vie, lentement construite, a été détruite par quelque hasard, comme vous l'appeliez, pas plus contrôlable que ce misérable incendie de moulin. Pourtant, maintenant que le grand espoir sur lequel son cerveau avait travaillé avec une intense et féroce intensité avait disparu, maintenant que ses mains étaient impuissantes à racheter une classe en voie de disparition, il avait le temps de tomber dans une habitude insouciante et bienveillante : il pensait que c'était une perte de temps, avec remords, bien sûr. Il fut saisi d'une curiosité de savoir quel projet de vie avaient ces gens qui croisaient son chemin dans les rues ; s'ils étaient déçus, comme lui. Humilié, il ne savait pas pourquoi : vague, incertain dans l'action. Arrêtez de harceler le vieux Huff avec ses conseils ; Il trottait dans les rues avec un air intimidé qui, si l'on avait pu voir dans le vieux cœur blasé sous son gilet duveteux, aurait semblé assez pitoyable. Il allait parfois lire les journaux au vieux Tim Poole, qui était alité et ne plaisantait pas une seule fois à ses doléances sur la sécession ou sur la misère dans son dos. Il allait parfois à l'église : les sermons étaient toujours de la bigoterie, à son avis, assis sur un siège arrière, s'aspergeant de jus de tabac ; mais les hymnes simples et démodés lui faisaient monter les larmes aux yeux : « Ils lui ressemblaient à la voix de sa mère chantant au paradis » : il espérait qu'elle ne voyait pas comment les choses s'étaient passées ici, combien tout cela était honnête. et fort de sa vie était tombé dans ce moulin infernal. Une ou deux fois, il descendit Crane Alley et monta lourdement trois paires de marches jusqu'au grenier où Kitts avait son atelier ; il lui obtint en fait des commandes pour deux portraits ; et quand ce jeune homme aux yeux pâles, dans un accès de confiance, une nuit, au visage très rouge, ouvrit le rideau de sa grande « Chute de Chapultepec » et le regarda d'un regard maigre et affamé, Knowles, qui savait pas plus à la peinture qu'un gorille, se promenait en le regardant du poing en disant : "Comme le clair-obscur était beau, et que c'était tout à fait une bonne chose diabolique". "Eh bien, eh bien," il apaisa sa conscience en descendant, "peut-être que ce bout de toile est autant pour ce pauvre type que le Phalanstère l'était autrefois pour un autre imbécile." Et ainsi il continua à travers les rues éclairées au gaz, dans ses paroisses, dans les caves et les ruelles, avec un cœur plus triste, mais des paroles plus gaies, maintenant qu'il n'avait plus que des mots à donner.

Le seul endroit où il a endurci son cœur était à l'hôpital avec Holmes. Après s'être réveillé en pleine conscience, Knowles considérait l'homme comme une bête qui restait là sans se plaindre jour après jour, froid et grave, comme si la chaleur vivifiante de la fin de l'automne lui suffisait. A-t-il compris le sort de fer qui lui était imposé ? Où était maintenant la force de l'âme qui existe en elle-même ? Savait-il que c'était une vie hésitante et vaincue qui l'attendait, vide des triomphes qu'il avait projetés ? "L'âme qui existe par elle-même ! arrêtée dans sa croissance par hasard, cette divinité toute-puissante, — le hasard qui brûle un moulin !" Marmonna Knowles en regardant Holmes. Avec un vague éclair de doute, tandis qu'il le disait, s'il n'y aurait pas, après tout, quelque chose, quelque chose de calme profond, d'ordre éternel, où lui et Holmes, ces hasards grossiers, ces âmes en lutte, ces croyances, Catholiques ou humanitaires, même ce Kitts namby-pamby et sa photo, pourraient inconsciemment jouer leur rôle. En regardant par la fenêtre de l'hôpital, il voyait le bleu profond, impénétrable, avec les étoiles inconscientes dans leur silence des plus folles rages du petit monde. Il y avait un tel calme ! un tel amour et une telle justice infinies ! c'était autour, au-dessus de lui ; cela le tenait, cela tenait le monde, — tout est faux, tout va bien ! Pendant un instant, le cœur trouble de l'homme se recroquevillait, émerveillé, comme le vôtre ou le mien l'a fait lorsqu'une touche rapide de musique ou d'amour humain nous a donné un aperçu saisissant du grand JE SUIS. Le lendemain, il ouvrit le journal qu'il tenait à la main. Quelle part dans l'ordre éternel CELA pourrait-il tenir ? ou l'esclavage, ou la sécession, ou la guerre civile ? Aucune harmonie ne pourrait être assez infinie pour contenir de telles discordes, pensa-t-il, repoussant toute cette affaire loin de lui avec désespoir. Eh bien, l'expérience du gouvernement autonome, le problème des siècles, s'effondrait en ruine ! Ainsi il désespérait, tout comme Tige la nuit où le moulin lui tomba autour des oreilles, pleinement convaincu que le monde était maintenant arrivé à sa fin, sans espoir de salut, - rampant hors de sa cave avec un étonnement muet, lorsque le soleil se leva comme habituel le lendemain matin.

Knowles était assis, scrutant Holmes par-dessus son journal, observant la respiration langoureuse qui montrait à quel point la blessure avait été profonde, le corps mutilé, le visage extérieurement froid, vigilant, réticent comme avant. Il imaginait le bourbier de déception dans lequel Dieu avait écrasé l'âme de cet homme : s'en sortirait-il ? Prendreait-il Miss Herne comme première marche de son escalier, ou se contenterait-il d'être précipité, vigoureux et viril, dans les profondeurs d'une pauvreté impuissante ? Il ne pouvait pas dire si le calme sur le visage de Holmes était un signe de défi ou de soumission : les rois muets auraient pu regarder ainsi sous les pieds de Pharaon. Même lorsqu'il marchait sur le sol, aussi faible soit-il, c'était à cause du vieux marchepied en fer. Il demanda alors à Knowles dans quelle affaire il s'était lancé.

"Mon ancien passe-temps d'une manière humble, la Maison du Refuge."

Ils rirent tous les deux.

"Oui, c'est vrai. Le concierge me présente aux visiteurs comme un 'sous-surintendant, un philanthrope dans une situation délabrée'. C'est peut-être l'œuvre de ma vie », devenant triste et sérieux.

"Si vous pouvez inoculer votre théorie à ces enfants mendiants et voleurs, ce sera une pratique lorsque vous serez mort."

"Je pense que", dit gravement Knowles, ses yeux s'enflammant, - "Je pense que."

"Une tâche aussi ingrate que celle de Moïse", dit l'autre en l'observant avec curiosité. "Car VOUS ne verrez pas le pays agréable, — VOUS n'y passerez pas."

Le visage flasque du vieil homme s'assombrit.

"Je sais," dit-il.

Il jeta involontairement un coup d'œil vers les étoiles bleues et éternelles, brillantes et claires.

« Je suppose, » dit-il gaiement au bout d'un moment, « que je dois me contenter du credo de Lois, ici : « Cela viendra un jour. »

Lois leva les yeux de la casserole qu'elle remuait, son visage devenant assez rouge, hochant la tête avec insistance une demi-douzaine de fois.

"Après tout," dit gentiment Holmes, "cette chance vous a peut-être poussé sur la vraie voie du succès pour votre nouveau système de sociologie. Seules des natures intactes pourraient être adaptées à l'autonomie gouvernementale. Trouvez-vous que le domaine en jachère est facile à exploiter ? "

Knowles s'agitait avec inquiétude.

"Non. Le fait est que je commence à penser qu'il y a beaucoup d'obstacles dans le sang. J'ai du mal, beaucoup de difficulté, Monsieur, à donner au plus jeune enfant de vraies idées de liberté absolue et d'héroïsme désintéressé."

"Vous leur apprenez cela par la seule raison ?" » dit Holmes gravement.

« Eh bien, bien sûr, c'est la vraie théorie ; la raison est le seul joug qui devrait être imposé à une âme née libre ; mais je… je trouve nécessaire de les faire fouetter, M. Holmes.

Holmes se baissa brusquement pour caresser Tiger, cachant un sourire furtif. Le vieillard reprit avec inquiétude :

"Le vieux M. Howth dit que c'est la fin de tous les gouvernements autonomes : de l'anarchie au despotisme, dit-il. La force brute doit intervenir. Les personnes âgées ont tendance à être figées dans leurs habitudes, vous savez. Honnêtement, nous ne trouvons pas liberté illimitée réponse dans la Chambre. J'espère beaucoup de l'aide d'une femme : je l'ai toujours destinée à ce travail : elle a un grand pouvoir latent de sympathie et d'endurance, tel qu'il peut ramener l'enseignement chrétien à ces misérables.

"Le chrétien ?" » dit Holmes.

"Eh bien, oui. Je ne suis pas croyant moi-même, vous savez, mais je trouve que cela s'empare de ces gens de manière plus vitale que des croyances plus abstraites : je suppose à cause de l'humanité de Jésus. Dans l'Utopie, bien sûr, nous vivrons des principes scientifiques ; mais ils ne répondent pas à la Chambre. »

"Qui est la femme?" demanda négligemment Holmes.

L'autre le regardait attentivement.

"Elle vient pour cinq ans. Margret Howth."

Il tapota le chien avec le même contact dur et impassible.

"C'est pour elle un devoir religieux. En plus, elle doit faire quelque chose. Ils meurent presque de faim depuis que le moulin a brûlé."

Le visage de Holmes était courbé ; il ne pouvait pas le voir. Lorsqu'il leva les yeux, Knowles le trouva plus rigide, plus immobile qu'auparavant.

Quand Knowles partit, Holmes lui dit :

"Quand Margret Howth entre-t-elle dans cet antre du diable ?"

"La Maison ? Pour le Nouvel An." Le mépris en lui était trop sauvage pour qu'il puisse se taire. "C'est le meilleur moment pour commencer une nouvelle vie. Toi-même, maintenant, tu auras accompli ton dessein à ce moment-là, celui du mariage ?"

Holmes était appuyé contre la tablette de la cheminée ; ses lèvres étaient pâles.

"Oui, je le ferai, je le ferai", - de son ton bas et dur.

Un rêve soudain de chaleur et de beauté apparut devant ses yeux gris, les éclairant comme Knowles ne l'avait jamais vu auparavant.

"Miss Herne est belle, permettez-moi de vous féliciter à la manière occidentale."

Le vieil homme ne cachait pas son ricanement.

Holmes s'inclina.

"Je te remercie, pour elle."

Lois tenait la bougie pour éclairer le Docteur hors des longs passages.

" Yoh hev Vous n'avez pas vu Barney chez M. Howth, docteur ? Il est là maintenant."

"Non. Quand auras-tu fini d'attendre ça, mec, Lois ? Que Dieu t'aide, mon enfant !"

L'instinct rapide de Lois répondit :

"Il est très gentil. Il est comme une femme qui a de la gentillesse envers moi. Quand je mourrai, j'aimerais qu'on regarde des yeux comme les siens, tendres, pitoyables."

"Les femmes sont toutes idiotes", grommela le Docteur. "Peu importe. 'Quand viendras-tu mourir ?' Qu'est-ce qui t'a mis ça en tête ? lève les yeux."

L'enfant protégeait la bougie allumée avec sa main.

"Je ne pense pas mourir " , dit-elle en riant.

Il y avait une ombre grise autour de ses yeux, un regard pointu sur le visage, il ne l'avait jamais vu auparavant, la regardant maintenant avec les yeux d'un médecin.

"Est-ce que quelque chose te fait mal ici ?" touchant sa poitrine.

"C'est mieux maintenant. C'était cette nuit- là du feu. Le souffle du moulin, je crois , mais ce n'est rien ."

"Brûler des copperas ? Bien sûr que c'est mieux ! Oh, ce n'est rien !" dit-il gaiement.

Lorsqu'ils atteignirent la porte, il lui tendit la main, pour la première fois de sa vie, puis attendit en lui tapotant la tête.

"Je pense que ça ira bien, Lois," dit-il rêveusement, regardant la nuit. "Tu es une bonne fille. Je pense que tout ira bien. Pour toi et moi. Un jour. Bonne nuit, mon enfant."

Après avoir parcouru un long chemin dans la rue, il se tourna pour souhaiter à nouveau une bonne nuit à la petite silhouette comique dans l'embrasure de la porte.

CHAPITRE IX.

Si Knowles détestait quelqu'un cette nuit-là, c'était bien l'homme qu'il avait laissé là, avec des mâchoires pâles et lourdes et un cœur de fer ; il aurait pu le maudire, debout là. Il ne vit pas comment, après avoir été laissé seul, l'homme gisait face contre le mur, tenant sa main osseuse sur son front, avec un regard dans les yeux qui, si on l'avait vu, on aurait cru que son âme était entrée. sur ce chemin dont les pas s'accrochent à l'enfer.

Il n'y avait aucune lutte sur son visage ; quelle que soit la résolution qu'il avait prise au cours des heures solitaires où il se tenait si près des frontières de la mort, elle était désormais inébranlable ; mais le cœur, écrasé et étouffé auparavant, prenait sa terrible vengeance. Si jamais il avait eu faim, au cours des jours froids et égoïstes, de l'aide de Dieu ou de l'amour d'une femme, il avait maintenant faim, avec un désir semblable à celui de la mort. S'il avait jamais pensé à quel point les années seraient vides et vides, descendant dans la tombe avec des lèvres qui n'avaient jamais connu le baiser d'une véritable épouse, il s'en souvenait maintenant, quand il était trop tard, avec une amertume telle qu'elle tord le cœur d'un homme mais une fois dans une vie. Si jamais il avait renié à son âme cette Margret, l'avait qualifiée d'étrangère ou d'étrangère, il l'appelait maintenant, quand il était trop tard, à la place qui lui revenait ; il n'y avait pas une pensée ni un espoir au plus profond de sa nature qui ne criât à son aide cette nuit-là, — pour elle, une partie de lui-même — maintenant, quand il était trop tard. Il passa en revue toutes les années passées et imagina les années à venir ; il se souvenait de l'argent qui devait aider son âme divine à s'élever ; il y pensa avec un juron, se levant et arpentant le sol de la pièce étroite, lentement et tranquillement. Regardant la lumière calme des étoiles et le jardin pittoresque, il essayait d'imaginer cette femme telle qu'il la connaissait, après que la puissance agitée de son âme aurait dû être refroidie et affamée dans un devoir étroit et sans vie. Il l'imaginait vieille, sévère et malade de la vie, elle qui aurait pu être ce qu'ils n'auraient pas pu être ensemble ? Et il l'avait poussée à cela pour de l'argent, de l'argent !

Il ne servait à rien de s'en repentir maintenant. Il avait gelé l'amour de son cœur depuis longtemps. Il se souvenait (tout ce dont il se souvenait de la nuit blanche après avoir été blessé) qu'il avait vu son visage blanc et épuisé le regarder ; qu'elle ne l'a pas touché ; et que, lorsqu'une des sœurs lui dit qu'elle pouvait prendre sa place et lui éponger le front, elle dit avec amertume qu'elle n'en avait pas le droit, qu'il n'était pas son ami. Il a vu et entendu cela, inconscient de tout le reste ; il l'aurait su s'il avait été mort, allongé là. Il était trop tard maintenant : pourquoi avait-il besoin de penser à ce qui aurait pu se passer ? Pourtant il y pensait tout au long de la longue nuit d'hiver, — à chaque instant sa pensée de la vie à venir, ou d'elle, devenait plus tendre et plus amère. Vous vous étonnez des remords de cet homme ? Attendez donc jusqu'à ce que vous restiez seul, comme il l'avait fait, à travers des jours aussi lents et révélateurs que les âges, face à face avec Dieu et la mort. Attendez de descendre si près de l'éternité que la vie que vous avez vécue se détache devant vous dans l'effroyable nudité dans laquelle Dieu la voit , comme vous la verrez un jour du ciel ou de l'enfer : l'argent, la haine et l'amour seront tenez-vous alors sous leur vraie lumière. Pourtant, revenant à la vie, il conserva la résolution qu'il avait prise là-bas avec sa vieille volonté de fer : toute la douleur qu'il supportait en repensant à la fausse vie d'avant, ou le souvenir incessant qu'il était maintenant trop tard pour expier. cette fausse vie l'a rendu plus fort pour respecter cette résolution, pour suivre le chemin qu'il avait choisi, quelle que soit la fin. Quelle que soit sa résolution, elle n'apaisait pas la faim qui lui rongeait le cœur cette nuit-là, que chaque bagatelle rendait plus fraîche et plus forte .

Il y avait un panier en osier que Lois avait laissé près du feu, rempli de morceaux de tissu et de cuir avec lesquels elle fabriquait des cadeaux de Noël ; une paire de superbes chaussettes en laine , qu'une des sœurs lui avait dit en privé que Lois lui destinait, posées par-dessus. Comme pour tout son peuple, Noël était pour elle le grand jour de l'année. Holmes ne pouvait s'empêcher de sourire en les regardant. Pauvre Lois ! — Noël serait donc bientôt là ? Et assis près du feu couvert, il retourna aux Noëls passés, à la pensée de tous les autres qui rapprochaient Margret de plus près et de plus chaleureux : depuis qu'il était un garçon , ils étaient ensemble ce jour-là. La main sur les yeux, il resta assis tranquillement près du feu jusqu'au matin. Il entendit un garçon passer dans l'aube grise et appeler un autre pour lui dire qu'ils prendraient des vacances la semaine de Noël. Cela allait arriver, pensa-t-il en se réveillant, mais jamais comme cela avait été : cela ne pourrait plus jamais se reproduire. Pourtant, il était étrange de voir à quel point cette pensée de Noël s'emparait de lui, après cela, affamé son cœur. À mesure que l'hiver approchait, les jours devenaient plus courts et les nuits plus longues et plus solitaires, Margret devenait plus réelle à ses yeux, non pas rejetée et perdue, mais comme l'épouse qu'elle aurait pu être, avec le simple, l'amour passionné qu'elle lui a donné une fois. Cette pensée lui devint intolérable ; Pourtant, il n'y avait pas un seul plaisir familial de ces années révolues, où le vieux maître d'école célébrait de grandes vacances à Noël, dont il ne se souvienne et ne s'attarde avec un désir d'enfant, maintenant que ces choses étaient terminées pour toujours. Il s'irritait de sa faiblesse. Si seulement le jour viendrait où il pourrait sortir et conquérir son destin, comme tout homme devrait le faire ! La veille de Noël, il mettrait un terme à ces railleries torturantes, en finirait avec elles, quel que soit le sacrifice. Car je crains que Stephen Holmes ne pense déjà à son propre besoin et à sa propre faim.

Il regardait Lois tricoter et réparer ses pauvres petits cadeaux, avec le vague sentiment que chaque point raccourcissait d'un instant le temps jusqu'à ce qu'il soit libre, avec sa vie à nouveau entre ses mains. Elle quitta enfin l'hôpital, assez tristement, mais il la fit partir : il croyait que l'air clos lui faisait mal, voyant la nuit l'ombre étrange grandir sur son visage. Je ne crois pas qu'il lui ait jamais dit qu'il savait tout ce qu'elle avait fait pour lui, ni qu'il l'ait remerciée ; mais aucun chien ou femme que Stephen Holmes aimait ne pouvait le regarder dans les yeux et douter de cet amour. Des yeux tristes et magistraux, comme on n'en voit qu'une ou deux fois dans une vie : aucune femme ne souhaiterait, comme Lois, que de tels yeux soient près d'elle quand elle mourrait, qu'elle se souvienne de l'amour du monde. elle revenait tous les jours le voir après son départ et restait pour lui préparer sa soupe, lui disant, comme un enfant, combien de jours il restait avant Noël. Il le savait, tout comme elle, attendant pendant les heures froides et lentes, dans sa chambre solitaire. Il pensait parfois qu'elle avait une requête impatiente à lui présenter, quand elle le regardait avec mélancolie, tordant ses mains ensemble ; mais elle l'étouffait toujours avec un soupir, et, attachant son petit bonnet de laine , s'en allait, marchant plus lentement, pensait-il, chaque jour.

Vous souvenez-vous de la façon dont Noël est arrivé cette année-là ? comment il y a eu une pause d'attente, lorsque les États se sont arrêtés et que des peuples sont venus les premiers murmures terribles de la tempête qui allait secouer la terre ? comment le cœur des hommes leur a fait défaut de peur, comment les femmes sont devenues pâles et ont serré leurs enfants plus près de leur sein, tandis qu'elles entendaient des cris de lamentations sur leur pays tombé ? Vous souvenez-vous comment, au milieu de la fureur de la colère des hommes, les greniers de Dieu furent ouverts pour ce pays ? comment le soleil lui-même a rassemblé de nouvelles splendeurs , les pluies une humidité plus féconde, jusqu'à ce que la terre déverse une plénitude inconnue de vie et de beauté ? N'y avait-il là aucune promesse, aucune prophétie ? Vous souvenez-vous, alors que la vie même du peuple était mise en doute devant eux, tandis que l'ange de la mort revenait pour passer sur le pays, et qu'il n'y avait de sang sur aucun montant de porte pour l'empêcher d'entrer dans cette maison, avec quelle sérénité le la vieille terre repliée dans sa récolte, morte, jusqu'à ce qu'elle se réveille à une vie plus forte ? Avec quelle tranquillité, alors que le moment de la naissance du Christ approchait, cette vieille terre se préparait-elle pour sa venue, insouciante de la clameur des hommes ? comment l'air devenait plus frais au-dessus, de jour en jour, et les profondeurs grises s'ouvraient silencieusement pour que la neige descende, recouvre, blanchisse et sanctifie cette terre souillée ? Je pense que la neige qui tombait lentement n'a pas manqué son avertissement discret ; car je me souviens que les hommes, eux aussi, essayèrent faiblement de se préparer à la naissance du Christ. Il y avait dans leurs cœurs une lueur plus saine que la terreur ; Peut-être à cause de la vague et grande peur qui régnait au dehors, ils se rapprochèrent autour du feu domestique, se montrèrent plus bienveillants à la bonne vieille manière ; de vieilles amitiés ont été réveillées, des souvenirs du passé ont été évoqués, des pères, des mères et des enfants ont planifié des façons simples de montrer l'amour dans leur cœur et d'accueillir Noël. Qui savait, mais ce serait peut-être la dernière ? Soyons reconnaissants pour ce joyeux jour de Noël. Et si c'était la dernière ? Et si, quand une autre arrive, et une autre, une voix, la plus gentille et la plus joyeuse alors, ne nous disait plus jamais « Joyeux Noël » ? Soyons d' autant plus reconnaissants pour ce jour, acceptons-le d'autant plus comme un signe de ce qui va sûrement arriver.

Holmes, même, dans sa chambre morne et dans ses pensées encore plus mornes, sentit la chaleur et l'attente se répandre à travers le pays à mesure que le jour approchait. Même à l'hôpital, les sœurs étaient très occupées, décorant de fleurs leur petite chapelle et préparant une fête pour leurs patients. Le médecin, tout en pansant son bras cassé, fit allusion à de faibles rumeurs de mascarades et de concerts dans la ville. Même Knowles, qui n'était pas allé à l'hôpital depuis des semaines, a cédé et est revenu, maussade et maussade . Il a amené Kitts avec lui et l'a incité à lui raconter comment ils célébraient Noël dans l'Ohio, dans la ferme de sa mère ; et la pauvre âme, encouragée par le silence de deux de ses auditeurs et l'intense intérêt de Lois en arrière-plan, continua à s'attarder sur les arbres du Père Noël et les bobines de Virginie jusqu'à ce que l'horloge sonne midi et que Knowles se mette à ronfler.

Noël approchait. Pendant qu'il se tenait debout, jour après jour, regardant par la fenêtre grise, il pouvait voir les signes de son arrivée même dans les vitrines scintillantes de jouets miraculeux, dans les chariots du marché avec leurs conducteurs au visage rouge et des tas de canards et de canards. des dindes, dans chaque diligence ou omnibus qui passaient, étaient remplies de garçons à la maison pour les vacances, applaudissant Bell ou Lincoln, oubliant que les élections étaient terminées et que la Caroline était sortie.

Pike est venu le voir un jour, les bras chargés d'un paquet qui s'est avéré être un accordéon pour Sophy.

"Noël, vous savez", dit-il en ôtant le papier brun, tandis qu'il maudissait le plus durement les États du coton, pétrissait gravement les touches et l'étirait jusqu'à provoquer autant de discorde que cinq membres du Congrès. "Je pense que Sophy va aimer ça", dit-il en le regardant de côté et en l'attachant soigneusement.

"Je suis sûr qu'elle le fera", a déclaré Holmes, et il ne pensait pas un seul instant que cet homme était idiot.

Ce Holmes, quand il était seul, revenait toujours à la certitude que les retours à la maison, les baisers d'enfants ou les fêtes de Noël n'étaient pas pour ceux comme lui, et ne pourraient jamais l'être, même s'il recherchait le passé avec amertume du cœur ; et ainsi, se souvenant tristement de sa détermination et attendant la veille de Noël, quand il pourrait tout mettre fin à tout cela. Aucun des myriades d'enfants heureux n'écoutait plus attentivement le son de l'horloge heure après heure que l'homme silencieux et sévère qui n'avait aucun espoir en ce jour qui allait arriver.

Il apprit à surveiller même la pauvre Lois qui remontait chaque jour dans le couloir, car c'était le seul lien qui unissait l'homme solitaire au monde intérieur de l'amour et de la chaleur. Le petit corps difforme était désormais bien vivant avec Noël et apportait sa lueur avec elle, à sa manière faible. Différent des autres, il voyait avec un curieux intérêt. La journée était plus réelle pour elle que pour eux. Non seulement parce que l'attention qu'elle portait à tout le monde, et que tout le monde avait d'elle, semblait atteindre son point culminant de pensée bienveillante pour la période de Noël ; non pas parce que, alors qu'elle parlait lentement, s'arrêtant pour reprendre son souffle, sa grande peur semblait être de ne pas avoir suffisamment de cadeaux pour tout le monde ; mais plus profondément encore , ce jour était réel pour elle. Comme s'il était effectivement vrai que le Maître en qui elle croyait venait au monde une fois par an, pour éveiller tout ce qu'il y avait de génial, de noble et de pur dans les cœurs troubles et épuisés ; comme si un nouvel honneur , une nouvelle fierté et un nouvel amour éclataient dans les royaumes au-dessous du ciel avec le lever du matin de Noël. C'était une belle foi ; il aurait presque souhaité que ce soit le sien. Une belle foi ! cela donnait un sens à l'ancienne coutume des cadeaux et des paroles aimables. L'AMOUR venant au monde ! — l'idée plaisait à son goût artistique, étant simple et sublime. Lois lui racontait, pendant qu'elle essayait faiblement de mettre de l'ordre dans sa chambre, tous ses projets, le mariage de Sam Polston le jour de l'An, mais surtout le Noël qui approchait à la vieille école. - chez le maître : comment la vieille maison avait été nettoyée de haut en bas, était assez rougeoyante avec de la peinture brillante et des feux brûlants, - comment Margret et sa mère travaillaient, dans la terreur que le vieil homme ne découvre à quel point elle était pauvre et nue, - comment lui et Joel avaient entrepris une entreprise secrète à pied à l'extrémité de la plantation, dans le marais, et étaient absents presque toute la journée.

Elle cessa enfin de venir. Une des sœurs est allée la voir et lui a dit qu'elle était trop faible pour marcher, mais qu'elle comptait aller mieux bientôt, et qu'elle se porterait bien d'ici les vacances. Il aurait souhaité que la pauvre fille lui dise ce qu'elle voulait de lui, il le souhaitait avec anxiété, avec un sourd pressentiment du mal.

Les jours passaient, froids et lents. Il observait d'un air sombre les préparatifs que le médecin de l'hôpital faisait silencieusement pour son cas, contre la fièvre, l'inflammation.

« Il faut que je sois assez fort pour sortir guéri la veille de Noël », lui dit-il un jour froidement.

Le vieux docteur leva un regard astucieux. C'était un vieil Alsacien, au langage très simple.

"Tu le dis?" marmonna-t-il. " Chut ! Alors vous partirez. Il y en a… des bouledogues, des hommes. Ils font ce qu'ils veulent, — ils ne meurent jamais à moins qu'ils ne le veuillent, mendiant ! Nous les connaissons dans notre pratique, Herr Holmes ! "

Holmes rit. Il y a là une certaine perspicacité, pensa-t-il, en médecine ou en esprit : quant à lui, c'était assez vrai ; quel que soit le succès qu'il avait obtenu dans la vie, ce n'était pas grâce à un élan d'enthousiasme ou d'espoir ; plutôt une persistance obstinée à « tenir le coup ».

Un long moment; mais la veille de Noël arriva enfin : lumineuse, calme, glaciale. « Quoi qu'il ait à faire, que cela soit fait rapidement ; » mais pas avant l'heure fixée. Il posa donc sa montre sur la table à côté de lui, attendant qu'elle marque l'heure qu'il avait choisie : la passion dominante de la maîtrise de soi aussi forte dans ce tournant de la vie qu'elle le serait dans son reflux, à la fin. Le vieux docteur le trouva seul dans la chambre morne, entrant avec le souffle glacial de la rue animée autour de lui. Un spectacle assez sinistre et effrayant, aussi solitaire et impénétrable que le Sphinx. Il n'aimait pas ces visages en cette époque cordiale et gracieuse, et il était si pressé de procéder à son examen. L'œil était froid, le pouls régulier, le corps de l'homme, aussi meurtri soit-il, fort dans son sang-froid d'acier. "Ja wohl !— ja wohl !" reprit-il d'un ton maussade , résumant : fièvre latente, les lèvres mêmes étaient bleues, sèches comme des cosses ; « il irait, — oui ? — alors partez ! — avec un petit rire. "Très bien, bon sang Zu!" Et ainsi mélangé. Fièvre latente ? Sans doute, mais à peine à cause d'os brisés, pensa le médecin, sans soupçonner la passion subtile et intolérable qui couvait dans chaque goutte de sang flegmatique de cet homme.

Le soir arriva enfin. Il s'arrêta jusqu'à ce que la cloche fêlée de la chapelle ait fini de sonner l'Angélus, puis enfila son pardessus et sortit. En passant dans le jardin, un misérable poulet s'est approché de lui en titubant, gazouillant en guise de reconnaissance ivre. L'espace d'un instant, il respira à nouveau la fumée chaude du moulin, se rappelant comment Lois l'avait trouvé dans le bureau de Margret, sans oublier la cage : avare de cette basse vie, même au péril de la sienne. Alors, sortant dans la rue, il testa sa propre nature par cette bagatelle à son ancienne mode. "La passion dominante forte dans la mort", hein ? Ce n'était pas de l'amour-propre ; quelque chose de plus profond : un instinct plutôt que la raison. Était-il heureux de penser cela de lui-même ? Il regardait avec plus d'attention le visage que présenterait le prochain Noël. L'air était froid et âcre. La ville bondée semblait s'éveiller à une vive joie ; même son pas faible et réfléchi résonnait sur le trottoir glacé comme s'il voulait se réjouir avec les autres. J'ai dit que c'était une ville commerçante : c'était vrai, mais le commerce même d'aujourd'hui avait un joyeux visage de Noël ; les vieilles banques et les prêteurs sur gages avaient eu honte de leurs actes, avaient fermé leurs portes et couvert leurs fenêtres d'arbres givrés, de cathédrales et de châteaux ; les boutiques ouvraient leur cœur ; l'ange d'un enfant les avait touchés, et ils s'enfuirent dans une splendeur magique d'arbres de Noël, de lumières et de jouets ; Le Père Noël aurait pu établir son quartier général dans n'importe lequel d'entre eux. Quant aux enfants, vous trébuchiez sur eux à chaque pas, accablés par la lourdeur de leur joie et par l'argent qui leur brûlait les poches ; les vieux courtiers et marchands âcres, que l'on frissonnait les autres jours, étaient devenus de joyeux pères de famille et se prélassaient en riant avec une demi-douzaine de petites mains qui les entraînaient dans les magasins de bonbons ou de jouets ; toutes les églises dont les règles leur permettaient de manifester simplement leur profonde joie, avaient recouvert leurs murs de pierre froide de conifères et de couronnes de baies rougeoyantes : l'ange de l'enfant les avait peut-être touchées aussi, non sans raison.

Il croisa des foules de femmes minces vêtues qui regardaient à travers les portes ouvertes, les joues rouges et les yeux affamés, les poêles chauffés au rouge et une pancarte : « Dîners de Noël pour les pauvres, gratis » ; de toutes les fenêtres des rues sortait une lumière rougeâtre et une odeur épicée ; le ciel même au coucher du soleil avait reflété les innombrables feux de Noël et flambait jusqu'au zénith, rouge sang comme du cinabre.

Holmes tourna dans l'une des ruelles : il allait d'abord voir Lois. Je ne sais pas pourquoi : l'ange de l'enfant l'a peut-être touché aussi ; ou bien son cœur, plein d'une pitié ardente pour la pauvre infirme qui, croyait-il maintenant, avait donné sa propre vie pour la sienne, aurait peut-être plaidé pour l'indulgence, comme les hommes se souviennent de leurs prières enfantines, avant de se lancer dans la bataille. Il arriva enfin, dans la ruelle tranquille où elle habitait, à sa petite cabane à charpente brune, à laquelle on montait par un escalier de bois : il y avait deux fenêtres étroites au sommet, tendues de rideaux rouges ; il pouvait entendre sa faible voix chanter à l'intérieur. Alors qu'il se tournait pour monter les marches, il aperçut quelque chose tapi sous les marches dans l'obscurité, qui se cachait de lui : il ne pouvait pas voir si c'était un homme ou un chien. Il l'a touché.

"Que voulez-vous, Maître ?" dit une voix étouffée.

Il le toucha de nouveau avec son bâton. L'homme se tenait debout, reculé dans l'ombre : c'était le vieux Yare.

"Avez-vous eu un mot avec moi, Maître ?"

Il vit le visage du nègre devenir gris de peur.

"Sortez, Yare," dit-il doucement. "Un mot ? Quel mot est incendie criminel, hein ?"

L'homme n'a pas bougé. Holmes l'a touché avec le bâton.

"Sortez", dit-il.

Il en sortit, l'air décharné, comme frappé par la famine.

« Je ne me déchaînerai pas », dit-il en froissant son chapeau en lambeaux dans ses mains. « Je ne le ferai pas.

Il abaissa le chapeau sur sa tête et leva les yeux avec une férocité maussade.

" Yoh m'a eu, et j'en suis content. Je suis fatigué, j'ai peur . Je suis né pour traîner , disent-ils, " en riant. "Mais je verrai ma fille. Je l'ai attendu , en dirigeant le resk , — je n'ai pas osé la voir, à cause de toi, oh . Je pensais que j'étais en sécurité le jour de Noël, — mais qu'est-ce que Noël à faire ? " ouais ou moi ?"

Le mouvement silencieux de Holmes le fit monter les marches devant lui. Il s'arrêta en haut, sa nature lâche prenant le dessus sur lui, et s'assit en pleurnichant sur la marche supérieure.

" Soyez gentil , Maître ! Je voulais voir ma fille, c'est tout. Elle est tout ce que j'ai . "

Holmes le dépassa et entra. Noël n'était-il rien pour lui ? Comment cet immonde misérable savait-il qu'ils étaient seuls, à l'écart du monde ?

C'est dans une petite pièce basse et gaie qu'il entra, baissant sa haute tête : une bouilloire à thé bourdonnant et chantant sur le feu de bois, qui éclairait le tapis grossier et les murs gris, mais dépensait sa chaleur la plus chaude sur le feu bas. canapé où Lois cousait et chantait pour elle-même. Elle était enveloppée dans un châle, mais il vit que ses mains étaient usées jusqu'aux os ; l'ombre grise était plus lourde sur son visage et les yeux bruns maussades ressemblaient à ceux d'un enfant fatigué. Elle essaya de se relever en le voyant, et n'y parvenant pas, elle s'appuya sur un coude, pleurant à moitié en riant.

"C'est le plus beau cadeau de Noël de tous ! J'ai du mal à y croire !" — touchant humblement la main forte qui lui était tendue.

Holmes avait, je vous l'ai dit, un toucher doux pour les chiens, les enfants et les femmes : ainsi, assis tranquillement près d'elle, il écouta longtemps avec une patience infatigable sa longue histoire ; elle regardait le tas de bagatelles sans valeur qu'elle avait rafistolées pour en faire des cadeaux, s'émerveillant secrètement du sens délicat de la couleur et de la grâce trahies par les morceaux de flanelle et de cuir ; et il prit, avec un air grave et étonné, son propre paquet, d'où sortait un bout de fil de laine .

"Ne regarde pas avant demain matin ", dit-elle anxieusement, alors qu'elle s'allongeait tremblante et épuisée.

Le souffle du moulin ! Les incendies de la misère et du crime du monde avaient achevé leur œuvre sur sa vie, donc ! Elle comprit rapidement le sens de son visage.

"Ce n'est rien ", dit-elle avec empressement. "Je serai fort d'ici le Nouvel An ; j'ai seulement besoin d'un jour ou deux de repos. Je ne pense pas abandonner . "

Et pour montrer à quel point elle était forte, elle se leva et boitilla pour préparer le thé. Il n'avait pas le cœur de l'arrêter ; elle ne voulait pas mourir, pourquoi le ferait-elle ? le monde était un grand nid chaud et magnifique pour la petite infirme ; pourquoi avait-il besoin de lui montrer le froid dehors ? Il la vit enfin s'approcher de la porte où le vieux Yare était assis dehors, puis il entendit son cri haletant et un sanglot. Un instant après, le vieillard entra dans la chambre, la portait et, la déposant sur le canapé, lui irrita les mains et lui déforma la tête.

"Qu'est-ce qui lui arrive ?" » dit-il en levant les yeux, déconcerté, vers Holmes. "Nous l'avons tuée parmi nous."

Elle rit, même si ses grands yeux s'assombrissaient, et attira ses cheveux gris et rêches dans sa main.

"Yoh, tu viendras depuis longtemps ", dit-elle faiblement. "Je chassais la fourrure tous les jours, tous les jours."

Le vieil homme avait repoussé ses cheveux et lisait le visage enfoncé avec une peur sauvage.

"Qu'est-ce qui lui arrive ?" il pleure. " Il y a quelque chose qui s'est passé avec ma copine. Était-ce ma faute ? Eh bien, était-ce ma faute ? "

"Soyez silencieux!" dit Holmes sévèrement.

"Est-ce que c'est ça?" » haleta-t-il, strident. "Mon Dieu ! pas ça ! Je ne peux pas le supporter !"

Lois l'apaisa, lui tapotant le visage d'un air enfantin.

"Est-ce que je meurs maintenant ?" » demanda-t-elle en jetant un regard effrayé à Holmes.

Il lui a dit non, gaiement.

"Je ne pense pas à mourir . Je ne sais pas merci de mourir . Ne vous inquiétez pas, chérie ! Yoh va rester avec moi, ta fourrure est bonne ? »

Le paroxysme de peur de l'homme à son sujet était passé, sa méchanceté et sa lâcheté prirent le dessus.

"C'est lui," glapit-il en regardant Holmes avec férocité. "Il a ma vie entre ses mains. Il va bien la prendre. Qu'est-ce qu'il veut faire pour moi ou ma copine ? Je ne resterai plus avec toi , Lo. Bonjour , il m'enverra au verrou-vers le haut, et après"————

"Je tiens à toi, mon enfant", dit Holmes, se penchant soudain près du visage livide de la jeune fille.

"Demain?" marmonna-t-elle. "Mon jour de Noël ?"

Il lui mouilla le visage en regardant le misérable dont il tenait la vie entre ses mains. C'était la règle d'acier de la nature de Holmes que d'être juste ; mais ce soir, de vagues perceptions d'une justice plus profonde que la loi s'ouvraient devant lui, des problèmes qu'il n'avait pas le temps de résoudre : la forteresse la plus solide est susceptible d'être prise d'assaut, et la rosée du matin prochain était sur son cœur.

" Alors , comme j'ai chassé, lui ai-je attrapé la fourrure !" murmura-t-elle faiblement. "Je ne pensais pas que nous en arriverions à cela. Aussi, comme je l'aimais ! Oh, M. Holmes, il a eu une chance de vivre , — pardonnez-lui ça ! Celui qui viendra demain dirait à pardonne-lui ça."

Elle attrapa la tête du vieil homme dans ses bras avec une agonie de larmes et la serra fort.

"J'ai vraiment Il y a une chance, dit-il en levant les yeux , c'est la vérité de Dieu, voilà ! Je ne sais pas Keer fur that: il est trop tard pour y retourner. Mais Lo... Mas'r , marmonna-t-il servilement, ce n'est que peu de temps jusqu'à la fin : laisse-moi rester avec Lo. Elle m'aime , Lo m'aime."

Une expression de dégoût apparut sur le visage de Holmes.

« Reste donc, murmura-t-il, je m'en lave les mains, vieux coquin !

Il se pencha sur Lois avec son rare et pitoyable sourire.

"Ai-je sa vie entre mes mains ? Je l'ai mise entre les vôtres, alors, mon enfant ! Maintenant, ôte tout ça de ta tête et lève les yeux ici pour me souhaiter au revoir."

Elle leva les yeux joyeusement, à peine consciente de l'ampleur du danger ; mais la rougeur avait disparu de son visage, le laissant triste et immobile.

"Je dois y aller pour célébrer Noël, Lois," dit-il d'un ton enjoué.

" Yoh, tu es gardez -le ici, Monsieur. » Elle tenait toujours sa faible poigne sur sa main, avec la vision vague dans ses yeux qui y venait parfois.

"Est-ce que c'est moi qui l' ai fait ?"

"Oui pour toi."

"Et lui qui arrive , monsieur ?" souriant.

Le visage de Holmes devint plus grave.

"Non, Loïs." Elle le regarda dans les yeux, perplexe. "Pour la pauvre enfant qui m'aimait" dit-il, à moitié pour lui-même, en lui lissant les cheveux.

Peut-être qu'en ce jour où les courants sous-jacents de la vie de l'âme seront mis à nu , cet homme connaîtra les instincts subtils qui l'ont tiré de son autonomie par la main de l'enfant qui l'aimait jusqu'à l'Amour au-delà, qu'était l'homme. et est mort pour lui, ainsi qu'elle. Il ne le voyait pas maintenant.

La claire lumière du soir tomba sur Holmes, alors qu'il se tenait là, regardant le petit lamitre mourant : une figure puissante, avec un visage suprême, magistral, mais tendre : vous ne trouverez pas de virilité plus élevée. Dieu l'a-t-il fait du même sang que le misérable vicieux et rampant accroupi pour cacher son visage noir de l'autre côté du lit ? Une telle pensée vint à l'esprit de Lois et la contraria, lui faisant monter les larmes aux yeux : il était son père, vous savez. Elle rapprocha leurs mains, comme si elle voulait les rejoindre, puis s'arrêta, fermant les yeux avec lassitude.

"Tout va mal", marmonna-t-elle, "oh, c'est tout à fait faux ! On pourrait les faire aimer. Pas moi."

Elle caressa la main de son père une fois, puis la lâcha. Il y a eu un long silence. Holmes jeta un coup d'œil dehors et vit que le soleil était couché.

"Lois," dit-il, "je veux que tu me souhaites un joyeux Noël, comme le font les gens."

Holmes avait une curieuse veine de superstition : il ne connaissait pas de lèvres aussi pures que celles de cette fille , et il voulait qu'on lui souhaite bonne chance cette nuit-là. Elle le fit en levant les yeux en riant et en rougissant : les énigmes de la vie ne troublèrent pas longtemps son imagination d'enfant. Et ainsi il la quitta, avec le sentiment ennuyeux, comme je l'ai déjà dit, qu'il était bon de dire une prière avant que la bataille n'éclate. Pour les hommes qui croyaient aux prières : pour lui, c'était la même chose de rendre un jour plus heureux pour Lois.

CHAPITRE X.

C'était plus tard que ce que pensait Holmes : une soirée grise et froide. Les rues de ce faubourg étaient solitaires : il les parcourait, la neige fraîchement tombée émoussant son pas. Il avait également recouvert les toits pointus des maisons, et ils se tenaient en rangées pour écouter, blancs et immobiles. Çà et là, une pâle lueur des becs à gaz luttait avec le crépuscule cendré. Il n'a rencontré personne : les gens étaient rentrés chez eux tôt la veille de Noël. Il n'avait pas de maison où aller : pah ! il y avait plein d'hôtels, se souvint-il avec un sourire sombre. Il faisait un froid glacial : il boutonnait bien son manteau et marchait lentement, comme s'il attendait quelqu'un , se demandant sourdement si l'air gris était plus froid ou plus calme que le cœur qui battait à peine sous le manteau. Eh bien, les hommes avaient déjà conquis le destin, conquis la vie et l'amour. Il faisait de plus en plus sombre : il marchait maintenant lentement dans l'ombre d'un long muret entourant le terrain d'un immeuble. Lorsqu'il approchait du portail, il s'arrêtait et écoutait : il aurait pu entendre un moineau sur la neige, tant c'était calme. Au bout d'un moment, il entendit des pas qui crissaient lourdement la neige ; le portail claqua lorsqu'ils sortirent : c'était Knowles et le pasteur que le Dr Cox n'aimait pas ; Vandyke était son nom.

« Ne verrouillez pas la porte », a déclaré Knowles ; "Miss Howth va bientôt sortir."

Ils se sont assis sur un tas de bois à proximité , attendant apparemment. Holmes monta et les rejoignit, debout à l'ombre des poutres, parlant à Vandyke. Il ne le rencontrait peut-être pas une fois tous les six mois ; mais il croyait profondément en cet homme.

"Je viens d'aider Knowles à construire un arbre de Noël là- bas, la Maison du Refuge : vous savez. Il ne pouvait pas distinguer un chêne d'une tonnelle, je crois."

Knowles n'était pas d'humeur à poser des questions.

"Il y a d'autres choses que je ne sais pas", dit-il sombrement, revenant sur un sujet interrompu par Holmes. "La Maison se dirige vers le Diable, Charley, tête baissée."

" Cela ne sert à rien de dire non ", dit l'autre ; "Vous me traiterez de devin menteur."

Knowles n'a pas écouté.

"On dirait que je dois aller à tâtons et trébucher à travers le monde comme un cyclope abandonné, l'œil ouvert, entraînant tout ce que je touche. S'il y avait quelque chose à retenir, quelque chose de certain !"

Vandyke le regarda gravement, mais ne répondit pas ; il se levait et marchait indolemment de long en large pour se réchauffer. Une silhouette souple et lente, un visage clair aux lèvres délicates et des yeux insouciants qui voyaient tout : le visage d'un homme prompt à apprendre et lent à enseigner.

"La voilà!" dit Knowles tandis que la serrure de la porte grinçait.

Holmes avait entendu le pas lent dans la neige bien auparavant. Une petite femme sortit et descendit la rue silencieuse jusqu'à la route au-delà. Holmes lui tournait le dos, allumant son cigare ; les autres hommes la regardaient avec impatience.

"Qu'en penses-tu, Vandyke ?" » demanda Knowles. "Comment va-t-elle faire?"

« Faire pour quoi ? » — reprenant sa marche paresseuse. " Vous parlez comme si elle était une machine. C'est ainsi que font les réformateurs modernes. Les hommes sont autant de charrues et de herses pour travailler sur " les classes ". Faire pour quoi?"

Knowles rougit vivement.

"L'œuvre que le Seigneur lui a laissée. Voulez-vous dire qu'il n'y a personne à faire, vous qui êtes engagée dans le travail missionnaire ?"

Le visage du jeune homme s'empourpra .

« Je sais que cette rue a terriblement besoin d'être pavée, Knowles ; mais je ne vois pas un seul rocher entre vos mains. Pourtant, le grand maître d'œuvre ne méprise pas les pavés. Il ne vous a pas donné l'esprit et la compréhension pour paver, hein, c'est " Comment savez-vous qu'il a donné à Margret Howth l'esprit et la compréhension d'un réformateur ? Il se peut qu'elle ait un travail plus élevé à accomplir. "

"Plus haut!" Le vieil homme resta consterné. « Je connais donc votre credo : que le véritable travail pour un homme ou une femme est celui qui développe leur nature la plus élevée ?

Vandyke éclata de rire.

"Vous avez une folie des croyances, Knowles. Vous avez une confession de foi toute faite pour tout le monde, sauf pour vous-même. Je voulais seulement que vous fassiez attention à ce que vous faites. Cette femme ressemble à ce que le fils prodigue aurait pu faire lorsqu'il a commencé. être dans le besoin, et il aurait voulu se nourrir des écailles que mangeaient les porcs. »

Knowles se leva d'un air maussade.

« À qui appartient donc l'œuvre ? » marmonna-t-il en suivant les hommes dans la rue ; car ils continuèrent leur chemin. " Le monde a attendu six mille ans pour obtenir de l'aide. Elle vient lentement, — lentement, Vandyke ; même à travers votre religion. "

Le jeune homme ne répondit pas : il leva les yeux, avec des yeux calmes et ravis, à travers la ville silencieuse et le gris clair au-delà. Ils passèrent devant une petite église éclairée pour l'office du soir : comme pour donner un sens aux paroles du vieillard, ils chantaient l'unique hymne du monde, le Gloria in Excelsis. En entendant le roulement grave de l'orgue, les hommes s'arrêtèrent dehors pour écouter : il se souleva et sanglota toute la nuit, comme s'il rendait à Dieu le tort d'innombrables cœurs endoloris, puis se tut, et une seule voix balaya la lande dans un long , cri lamentable : « Toi qui ôtes les péchés du monde, aie pitié de nous !

Les hommes restèrent silencieux, jusqu'à ce que le silence soit rompu par un murmure sourd : « Car Toi seul es saint. » Holmes avait ôté son chapeau, inconscient de ce qu'il avait fait ; il l'enfila lentement et continua son chemin. Qu'est-ce que Knowles lui avait dit un jour à propos des souillures mesquines et égoïstes de son âme divine ? « Car Toi seul es saint : » s'il y avait du vrai là-dedans !

"Comme c'est calme !" dit-il alors qu'ils s'arrêtaient pour le quitter. C'était un silence haletant ; les grandes rues de la ville derrière eux étaient enveloppées de neige ; les collines, les landes, la prairie balayées dans l'obscurité sans ciel, une mer grise et immobile éclairée par une lune basse et aqueuse. "La terre elle-même écoute", a-t-il déclaré.

« Écoute quoi ? » » dit littéralement le vieux docteur.

"Je pense qu'il écoute toujours", a déclaré Vandyke, les yeux en feu. "Pour son roi, cela se passera. Pas comme il est venu auparavant. Il n'y a plus longtemps à attendre maintenant : la nouvelle année n'est pas loin."

"Je n'ai aucune confiance en vous tenant la main, en l'attendant ; et vous non plus, Charley," grogna Knowles. "Il y a un travail infernal à faire avant que cela n'arrive, j'imagine. Tiens, laisse-moi allumer mon cigare."

Holmes leur souhaita bonne nuit en riant et s'engagea dans la route secondaire à travers les collines. Il serra la main de Vandyke avant de partir, chose qu'il ne faisait presque jamais avec personne. Knowles l'a remarqué et, après avoir perdu l'ouïe, a marmonné quelques sarcasmes envers « un ministre de l'Évangile fréquentant un scélérat froid et silencieux comme celui-là ! Vandyke écouta ses réprimandes avec sa paresse habituelle, et ils retournèrent en ville.

La route empruntée par Holmes était pleine d'ornières et de roues de chariot, difficile à parcourir ; il marchait donc lentement, étant faible, s'arrêtant de temps en temps pour reprendre des forces. Il n'avait pas compté les heures jusqu'à ce jour, pour être rebuté maintenant par une petite perte de sang. La lune était presque couchée avant qu'il atteigne les collines de Cloughton : il s'y engagea dans un sentier étroit dont il se souvenait bien. De temps en temps, il voyait la marque d'un petit soulier dans la neige, et il le regardait avec un haletant brûlant dans les veines et un étrange éclair dans les yeux, tandis qu'il marchait d'un pas régulier.

Il y avait un détour dans le sentier au sommet de la colline, un mur en contrebas, avec une large pierre d'où le vent avait soufflé la neige. C'était l'endroit idéal. Il s'assit sur la pierre et se reposa. Juste là, elle était là, serrant ses petits doigts derrière elle, quand il s'approcha et rejeta sa capuche pour la regarder en face : comme elle était pâle et usée, même alors ! Il ne l'avait pas regardée ce soir : il ne le ferait pas, s'il était mourant, avec ces hommes là. Il était seul au monde avec cette petite Margret. Comme ces hommes l'avaient critiquée et critiquée , bavardé sur les devoirs de son âme ! Eh bien, c'était le sien, c'était le sien, plus doux et plus frais. Il n'y avait pas un regard par lequel ils suivaient le petit corps faible dans ses pauvres vêtements qu'il n'ait vu et qui lui en voulât sauvagement. Ils ont mesuré sa force ? J'ai compté combien de temps les os et le sang dureraient dans leur Maison de Refuge ? Il n'y avait pas un morceau de sa chair qui ne soit pur et saint à ses yeux. Sa Margret ? Il s'irritait d'une fièvre intolérable pour la faire sienne, mais pour un instant, comme elle l'avait été autrefois. Maintenant, quand il était trop tard. Car il revenait sur chaque mot qu'il avait prononcé cette nuit-là, se forçant à aller jusqu'au bout , chaque mot froid et empoisonné. C'était une pénitence appropriée. « L'amour n'existe pas dans la vraie vie : » lui avait-il dit ! Comment il s'était levé, avec toute la puissance de son « âme divine » dans sa volonté, et lui avait dit, lui, un homme, qu'il lui avait alors retiré son amour pour toujours ! Il ne s'épargnait rien, ne se gênait pour rien ; se méprisait, pour ainsi dire, pour la méchanceté dans laquelle il s'était vautré cette nuit-là. Comme il avait été ferme ! Comme c'est gentil! comme c'est magistral ! — s'appuyant sur la force de son homme, tandis qu'il la tenait en son pouvoir comme on pourrait tenir un insecte, jouait avec sa nature de femme rétrécie et la piétinait sous ses pieds, froidement et tranquillement ! Elle le gênait et il l'avait mise de côté. Comme le bel esprit subtil s'était levé de son agonie de honte et l'avait méprisé ! Comme cela avait jailli du cadre chétif qui se tenait là dans la route boueuse, méprisé et raillé, et l'avait jugé calmement ! Il pouvait s'éloigner d'elle comme il voulait, la jeter comme un jouet usé, mais il ne pouvait pas l'aveugler : qu'il fasse face au monde comme il le ferait, qu'on l'appelle maître parmi les hommes ou avare. , ou, comme Knowles l'a fait ce soir après s'être détourné, une canaille, cette fille a posé sa petite main sur son âme avec une reconnaissance totale : elle seule. « Elle le connaissait comme un homme meilleur que lui-même ce soir-là : » il se souvint des mots.

La nuit devenait trouble et d'un froid mordant : il n'y avait aucune perspective sur les collines couvertes de neige, ni la route accidentée à ses pieds avec ses flaques d'eau glacée, qui lui apporta du contentement, ni la lumière rosée dans ses yeux ; mais ils arrivèrent là, lentement, pendant qu'il réfléchissait. Peut-être quelque vieille pensée s'infiltrait dans son cerveau, fraîche et tiède, comme un doux air de printemps, quelque espoir de l'avenir, dans lequel cette femme-enfant se rapprochait de lui, et se rapprochait. C'était un rêve vain, qui ne le narguerait qu'une fois terminé, mais il y ouvrit les bras : c'était un vieil ami ; cela avait fait de lui un homme plus pur et meilleur qu'il ne pourrait jamais l'être à nouveau. Un rêve chaleureux et heureux, quel qu'il ait pu être : le visage rude et sinistre devint calme et triste, comme les visages des morts changent lorsque des larmes d'amour tombent sur eux.

Il soupira avec lassitude : le simple petit espoir attisait dans la vie des profondeurs stagnantes de désir et de but, attisant son ambition résolue. Trop tard? Était-ce trop tard ? Vivante ou morte, elle lui appartenait, même s'il ne verrait jamais son visage, par quelque pouvoir subtil qui les avait rendus un, il ne savait ni quand ni comment. Il ne raisonnait plus maintenant, il s'abandonnait, comme le font seulement les hommes morbides, à cet espoir délirant d'un foyer, d'une chaleur joyeuse, et de cet amour de femme frais et éternel : un rêve agréable d'abord, à ranger à loisir. Mais cela devint plus audacieux, toucha les profondeurs de sa nature de nostalgie et de passion intense ; tout ce qu'il savait ou ressentait de pouvoir ou de volonté, de désir d'effort, de réussite dans le monde, dérivait dans ce rêve et ne faisait plus qu'un avec lui. Il se leva, sa silhouette vigoureuse évoluant vers une virilité plus noble, avec la conscience du bien, — avec l'assurance volontaire que, la première victoire remportée, les autres suivraient.

Il était tard; il doit continuer ; il n'avait pas eu l'intention de rester les bras croisés au bord de la route. Il traversa les champs, son pas lourd écrasant la neige, une chaleur sèche dans le sang, l'œil attentif, immobile, jusqu'à ce qu'il arrive en vue de la ferme ; puis il reprit sa route, calme et grave, dans son port ordinaire.

La maison était assez sombre ; seulement une lumière dans l'une des fenêtres inférieures, la bibliothèque, pensa-t-il. Le vaste champ qu'il traversait descendait en pente jusqu'à la maison, de sorte qu'à mesure qu'il s'approchait, il distinguait très clairement la petite pièce à la lueur rouge du feu intérieur, les rideaux n'étant pas tirés. Il avait un œil vif ; il ne manquait pas de voir les marques de pauvreté des lieux, les clôtures sans portes, jusqu'à la pièce nue avec sa moquette usée et rapiécée : il notait tout cela avec une lueur triomphale de satisfaction. Il y avait une ombre noire qui passait et repassait devant les fenêtres : il attendit un moment en la regardant, puis s'avança plus lentement vers elles, des chaleurs plus intenses lui brûlant le visage. Il ne la surprendrait pas ; elle devrait être aussi prête que lui pour la réunion. Si jamais elle remettait sa main pure dans la sienne, cela devrait être fait librement et de sa propre bonne volonté.

Elle l'aperçut alors qu'il arrivait sur le porche, s'arrêta, regardant dehors, comme ahuri, puis reprit machinalement sa marche. Ce que cela lui coûtait de le revoir, il ne pouvait le dire : son visage n'avait pas changé. Il était sans vie et instruit, les yeux toujours tournés vers l'avant, avec indifférence. Était-ce son œuvre ? S'il l'avait tuée sur le coup, cela aurait été mieux que ça.

Les fenêtres étaient basses : c'était sa vieille habitude d'entrer par elles, et maintenant il s'approchait inconsciemment. En l'ouvrant, il la vit se détourner un instant ; puis elle l'attendit, tout à fait tranquille, le feu clair répandant une lueur immobile dans la pièce, aucun cri ni frisson de douleur ne montrant comment sa venue brisait la vieille blessure. Elle sourit même, lorsqu'il s'appuya contre la fenêtre, avec un accueil négligent.

Holmes s'arrêta, confus. Cela ne lui convenait pas, ceci. Si vous connaissez la nature d'un homme, vous comprenez pourquoi. Le reproche le plus amer, ou un mépris orgueilleux eût été moins irritant que cette douce indifférence. Son emprise avait échappé à la femme, croyait-il. Un instant auparavant, il s'était rappelé comment il l'avait tenue dans ses bras, touché ses lèvres froides, puis l'avait repoussée , — il s'en était souvenu, chaque nerf se contractant de remords et d'une tendresse inexprimable : maintenant... ! Le calme absolu de son visage en disait plus que les mots ne pouvaient le faire. Elle ne l'aimait pas ; il n'était rien pour elle. Alors l'amour était un mensonge. Un instant auparavant, il aurait pu s'humilier à ses yeux aussi bas qu'il était aux siens, et accepter son pardon comme une nécessité de sa nature fidèle et endurante : maintenant, toute la force de l'homme se mit en colère, et un désir fou de conquête.

Il traversa la pièce d'un air grave, tendant la main avec son ancien contrôle tranquille. Elle était peut-être froide et grave comme lui, mais il savait qu'en dessous se cachait un esprit contrarié et affamé, un esprit fort et fin comme la délicate Ariel. Il le piquerait et l'apprivoiserait : c'était le sien.

"Je pensais que tu viendrais, Stephen," dit-elle simplement en lui faisant signe de s'asseoir.

Cet automate pourrait-il être Margret ? Il s'appuya sur la tablette de la cheminée et baissa les yeux avec un ricanement cynique.

"Est-ce là la bienvenue ? Eh bien, il y a mille salutations pour ce temps d'amour et de bonnes paroles que vous auriez pu choisir. D'ailleurs, je suis revenue malade et pauvre, un mendiant peut-être. Comment les femmes reçoivent-elles des femmes si généreuses ? " N'y a-t-il pas d'étiquette ? pas de poignée de main ? rien de plus ? me rappeler qu'autrefois, je n'étais pas indifférent à votre égard."

Il rit. Elle resta immobile et grave comme avant.

"Eh bien, Margret, je suis au bord de la mort depuis cette nuit-là."

Il pensait que ses lèvres étaient devenues grises, mais elle leva les yeux avec clarté et fermeté.

"Je suis heureux que tu ne sois pas mort. Oui, je peux le dire. Quant à la poignée de main, mes idées peuvent être aussi particulières que les vôtres."

« Elle mesure ses paroles, » dit-il quant à lui-même ; "La lumière même de ses yeux est régie par le décorum; elle est une machine à travailler. Elle a nettoyé le cœur de son enfant de la colère et de la vengeance, même du mépris pour le misérable qui s'est vendu pour de l'argent. Il n'y avait rien d'autre à balayer, était-ce?" - amèrement, - "pas d'amitiés, telles que les femmes faibles allaitent et dorlotent pour naître, - ou d'amour, dans lesquels elles vivent et meurent parfois, d'une manière idiote?"

"Lâche!"

"Non, pas indiscret. Margret, soyons sérieux et calmes. Ce n'est pas le moment de plaisanter ou de porter des masques. Cela s'est passé entre nous et ne laisse aucune place aux fausses courtoisies."

"Il n'y en a pas besoin", croisant son regard sans broncher. "Je suis prêt à vous rencontrer et à vous dire au revoir. Le Dr Knowles m'a dit que votre mariage était proche. Je savais que vous viendriez, Stephen. Vous l'avez déjà fait."

Il grimaça, d'autant plus que sa voix était si claire de douleur.

"Pourquoi devrais-je venir ? Pour te montrer quelle sorte de cœur j'ai vendu pour de l'argent ? Pourquoi, tu crois le savoir, petite Margret. Tu peux reconnaître sa difformité, son inutilité, sur tes doigts froids. Tu pourrais dire au serein et la gracieuse dame qui s'en moque du marché qu'elle a fait, qu'il n'y a pas en lui la moindre étincelle d' honneur viril ou d'amour véritable. Ne vous aventurez pas trop près d'elle dans votre froideur et votre prudence. Il a des passions de tigre, je le ferai. ne réponds pas. Donne-moi ta main, et sens-la haleter comme un démon affamé. Elle aura de la nourriture, Margret.

Elle retira la main qu'il avait saisie et se recula dans l'ombre.

" Qu'est-ce que ça m'importe ? " - de la même voix mesurée.

Holmes essuya les gouttes froides de son front, une sorte de frisson dans son corps puissant. Il resta un moment à regarder le feu, la tête baissée sur son bras.

« Qu'il en soit ainsi », dit-il enfin doucement. "Le vieux cœur usé peut se ronger un peu plus longtemps. Je n'ai pas envie de gémir de douleur."

Quelque chose qu'elle vit sur le visage sombre et sardonique, alors que les lueurs rouges l'éclairaient, la fit sursauter convulsivement, comme si elle voulait aller vers lui ; puis se maîtrisant, elle resta silencieuse. Il n'avait pas vu le mouvement, ou, s'il l'avait vu, il n'y avait pas prêté attention. Il ne se souciait pas de l'apprivoiser maintenant. La lumière du feu brillait et s'assombrissait, le bois crépitant brisant le silence de mort de la pièce.

"Ça n'a pas d'importance", dit-il en levant la tête, posant inconsciemment son bras sur sa forte poitrine, comme pour faire taire toute plainte. « J'avais l'idée vaine qu'il serait bon, en cette nuit de Noël, de vous dévoiler les secrets cachés ici , de laisser vos yeux purs sonder les profondeurs les plus douloureuses : je pensais qu'ils auraient peut-être un pouvoir de bénédiction. Fantaisie vaine. Quel est mon désir ou mon crime envers vous ?

La réponse est venue lentement, mais elle est venue.

"Rien pour moi."

Elle essaya de rencontrer le visage décharné qui la regardait avec sa fière tristesse, et finit par le rencontrer avec ses yeux doux.

"Non, rien pour vous. Il n'est pas nécessaire que je reste plus longtemps, n'est-ce pas ? Vous vous êtes préparé à me rencontrer et vous avez bien rempli votre rôle."

"Cela n'en fait pas partie. Je vous dis la vérité de Dieu autant que je peux."

"Je sais. Nous n'avons donc rien d'autre à nous dire dans ce monde, à part bonsoir. Les mots, les mots polis, sont parfois plus amers que la mort. Si jamais nous nous rencontrons, ce sourire courtois sur votre votre visage suffira pour parler : la vérité de Dieu pour vous. Allons-nous vous dire bonsoir maintenant ?

"Si vous voulez."

Elle s'avança plus loin dans l'ombre, s'appuyant sur une chaise.

Il s'arrêta, une pensée soudaine le frappant.

« J'ai un caprice, dit-il rêveusement, que je voudrais satisfaire. Ce serait une bagatelle pour vous : l'accorderez-vous ? — pour l'amour d'un vieux jour heureux, il y a longtemps ?

Elle porta la main à sa gorge ; puis il est retombé.

"Tout ce que tu veux, Stephen," dit-elle gravement.

"Oui. Approchez-vous donc et laissez-moi voir ce que j'ai perdu. Un cœur aussi froid et fort que le vôtre n'a pas à craindre l'inspection. J'ai envie d'y jeter un coup d'oeil, pour la dernière fois."

Elle resta immobile et silencieuse.

"Viens," doucement, "il n'y a aucune blessure dans ton cœur qui craint d'être détectée?"

Elle sortit en pleine lumière et se plaça devant lui, repoussant les cheveux de son front, afin qu'il puisse voir chaque ride et les yeux fanés et sans vie. C'était un véritable mouvement de femme, qui se rappelait déjà à l'époque de mépriser la tromperie. La lumière brillait vivement sur son visage, alors que les lentes minutes s'écoulaient sans un bruit : elle ne voyait que son visage dans l'ombre, avec la lueur intermittente d'une signification intolérable dans ses yeux. Le sien trembla et tomba.

"Est-ce que ça te fait mal que je doive même te regarder ?" dit-il en reculant. "Eh bien, même les saints morts permettent que nous nous approchions d'eux après leur mort , que nous leur touchions les mains, que nous leur baisions les lèvres, que nous cherchions quel regard ils nous ont laissé sur leurs visages. Soyez patients, pour l'amour de le bon vieux temps. Mon caprice n'est pas encore satisfait.

"Je suis patient."

" Raconte -moi quelque chose de toi, que j'emporterai avec moi quand je partirai, pour la dernière fois. Dois-je te considérer comme heureux ces jours-ci ? "

« Je suis contente », ces mots suintant de ses lèvres blanches dans l'amertume de la vérité. "J'ai demandé à Dieu, cette nuit-là, de me montrer mon œuvre ; et je pense qu'Il me l'a montré. Je ne me plains pas. C'est une grande œuvre."

"Est-ce tout?" » demanda-t-il avec férocité.

"Non, pas du tout. Cela me fait plaisir de sentir que j'ai une maison chaleureuse et de contribuer à la garder joyeuse. Quand mon père m'embrasse la nuit, ou que ma mère me dit : 'Que Dieu te bénisse, mon enfant', je sais que cela suffit. , que je devrais être heureux.

La vieille horloge dans le coin bourdonnait et tic-tac dans le profond silence, comme la voix humble de la maison qu'elle s'efforçait de garder au chaud, la remerciant, la réconfortant.

"Une fois de plus", alors que la lumière devenait plus forte sur son visage, "veux-tu regarder dans ton cœur que tu as consacré à ce grand travail, et me dire ce que tu y vois ? Oserez-vous le faire, Margret ?"

"J'ose le faire", mais son murmure était rauque.

"Continue."

Il la regardait davantage comme un juge le ferait pour une criminelle, alors qu'elle était assise devant lui : elle se débattait faiblement sous le pouvoir de son regard, sans le rencontrer. Il attendait sans relâche, voyant son visage lentement blanchir, ses membres frissonner, sa poitrine se soulever.

"Laissez-moi parler pour vous", dit-il enfin. "Je sais qui a autrefois rempli ton cœur à l'exclusion de tous les autres : ce n'est pas le moment de se moquer de la honte. Je sais que c'était ma main qui détenait le secret même de ton être. Quoi que j'aie pu être, tu m'aimais, Margret. Veux-tu dire ça maintenant ? »

"Je t'ai aimé, une fois."

Que ce soit la vérité qui la dérangeait ou l'illusion, elle était désormais forte pour tout exprimer.

"Alors tu ne m'aimes plus ?"

"Je ne t'aime plus."

Elle ne le regardait pas ; elle n'avait conscience que du feu brûlant qui lui brûlait les yeux et du cliquetis agaçant de l'horloge. Au bout d'un moment, il se pencha silencieusement vers elle, une présence virile et tendre.

"Quand l'amour s'en va une fois", dit-il, "il ne revient jamais. As-tu dit qu'il était parti, Margret ?"

Encore un effort, et Duty serait satisfait.

"C'est parti."

Dans la lente obscurité qui l'envahissait, elle se couvrit le visage, ne sachant ni n'entendant rien. Lorsqu'elle leva les yeux, Holmes se tenait près de la fenêtre, le visage tourné vers les champs gris. Il lui fallut longtemps avant de se retourner et de venir vers elle.

"Vous avez parlé honnêtement : c'est une vieille mode chez vous. Vous avez cru ce que vous avez dit. Laissez-moi aussi vous dire un instant ce que vous appelez la vérité de Dieu, Margret. Cela ne vous fera pas de mal. " - Il parla gravement : solennellement. — «Quand tu m'aimais autrefois, égoïste, égaré comme j'étais, tu as accompli la loi de ta nature; quand tu chasses cet amour de ton cœur, tu fais de ton devoir une imposture et de ta vie un mensonge. Écoutez-moi. Je suis calme.

C'était le calme qui la faisait trembler comme elle ne l'avait jamais fait auparavant, avec un étrange soupçon de vérité qui brillait en elle. Qu'elle, s'enfermant dans son orgueil, sa droiture consciente, serrant contre elle sa nouvelle philanthropie, avait sombré dans une profondeur d'égoïsme avare, dont cet homme ne savait rien. Plus noble qu'elle ; à moitié en colère lorsqu'elle sentit cela, assise à ses pieds, levant les yeux. Il le savait aussi ; la voix grave et jugeante le disait ; il avait pris la place qui lui revenait. Juste, comme seul un homme peut l'être, dans son jugement sur lui-même et sur elle : son amour dont elle s'était fière semblait faible et flottant, mis en contact avec cette froide intégrité de sens. Je pense qu'elle était heureuse d'être humiliée devant lui. Les femmes ont parfois des fantaisies étranges.

« Vous vous êtes trompé, dit-il : quand vous essayez de remplir votre cœur de cette œuvre, vous ne servez ni votre Dieu ni votre prochain. Vous me dites, « en vous penchant près d'elle, » que je ne suis rien pour vous. : tu le crois, pauvre enfant ! Il n'y a pas une ligne sur ton visage qui ne prouve que c'est faux. J'ai les yeux perçants, Margret ! facile à faire, fallait-il qu'il arrache avec lui tous les éclats de plaisir et de grâce de votre vie ! Vos cheveux sont rassemblés hors de votre vue : vous craigniez de vous rappeler comment ma main les avait touchés ? Votre robe est avare et dure ; ton pas, tes yeux, ta bouche sous contrôle. C'était si dur de s'imposer comme une vieille femme épuisée ! Oh, Margret ! Margret !

Elle gémit dans sa barbe.

"Je remarque des bagatelles, mon enfant ! Là-bas, dans ce coin, se trouvait le bureau où je t'aidais avec ton latin. Comme tu détestais ça ! Tu te souviens ?"

"Je me souviens."

"Il a toujours été là : il n'est plus là maintenant. À l'extérieur de la porte, il y avait cet orme que j'avais planté, et vous aviez promis de l'arroser pendant mon absence. Il est maintenant coupé par les racines."

"Je l'ai fait, Stephen."

"Je sais. Sais-tu pourquoi ? Parce que tu m'aimes : parce que tu n'oses pas penser à moi, tu n'oses pas te confier à regarder l'arbre que j'avais planté."

Elle se leva en poussant un cri et resta là, comme à l'ancienne, ses doigts s'accrochant les uns aux autres.

"C'est cruel, laisse-moi partir !"

" Ce n'est pas cruel. " - Il s'approcha d' elle. - " Tu crois que tu ne m'aimes pas, et vois ce que je t'ai fait ! Regarde la torpeur de ce visage, les yeux morts et gelés ! C'est une « mort cauchemardesque dans la vie ». Bon Dieu, de penser que j'ai fait cela ! De penser aux innombrables jours d'agonie, aux nuits, aux années de solitude qui l'ont amenée à cela, petite Margret !

Il arpentait le sol lentement. Elle s'assit sur un tabouret bas, la tête appuyée sur ses mains. La petite silhouette, la tête penchée, le menton frémissant lui évoquaient son enfance. Elle avait l'habitude de s'asseoir ainsi quand il la tourmentait, attendant qu'on la persuade de retrouver l'amour et le sourire. Les yeux de l'homme dur se remplirent de larmes alors qu'il y pensait. Il regardait les sanglots profonds et sans larmes qui secouaient sa poitrine : il l'avait blessée à mort, sa bonne Margret ! Elle était comme une chose morte maintenant : pourquoi la torturer plus longtemps ? Qu'il soit viril et qu'il rejoigne sa vie solitaire, en prenant pour compagnie le souvenir de ce qu'il a fait de lui. Il se leva incertain, puis vint vers elle : était-ce ainsi qu'on la quittait ?

« J'y vais, Margret, » murmura-t-il, « mais laissez-moi vous raconter une histoire avant de partir , – une histoire de Noël, par exemple. Cela ne vous touchera pas , – il est trop tard pour l'espérer, – mais c'est c'est vrai que vous devriez l'entendre.

Elle leva les yeux avec lassitude.

"Comme tu veux, Stephen."

Quelle que soit l'impulsion qui poussait l'homme à prononcer des mots qu'il savait inutiles, le faisait s'éloigner d'elle, comme si elle était quelque chose qu'il n'était pas apte à toucher : les mots s'éloignaient lentement de lui.

« J'ai fait un rêve curieux cette nuit, Margret, un rêve éveillé : seulement une vision claire de ce qui avait été autrefois. Vous souvenez-vous… du bon vieux temps ?

De quelle divagation déconnectée s'agissait-il ? Pourtant la jeune fille l'a compris, a regardé le petit feu avec des yeux tristes et attentifs.

"Il y a bien longtemps. C'était une vie libre et forte qui s'ouvrait alors devant nous, petite , avant toi et moi ? Te souviens-tu du Noël avant mon départ ? J'avais un bras fort et un cerveau affamé pour sortir dans le J'avais alors quelque chose de meilleur. Un moi plus pur que celui qui était né avec moi est arrivé tard dans la vie et s'est niché dans mon cœur. Margret, il n'y avait pas de nouvelle pensée aimante dans mon cerveau pour Dieu ou l'homme qui ne grandis de mon amour pour toi ; il n'y avait rien de noble ou de bienveillant dans ma nature qui ne se déversait dans cet amour et ne s'y approfondisse. J'étais aussi ton maître. Je ne tenais pas mon âme à un droit plus divin que je ne tenais ton amour et je te dois le mien. Je le comprends, maintenant, quand il est trop tard . — comment je suis sorti triomphant dans mon cerveau inhumain et avare, — comment j'ai résolu de connaître, d'être, de fouler aux pieds tout amour faible ou tout plaisir domestique ? J'ai été puni. Laisse ces années s'écouler. Je pense que, parfois, je me suis rapproché de la nature des damnés qui n'osent pas aimer : je ne le ferais pas. C'est alors que je t'ai blessé, Margret, jusqu'à la mort : ta vraie vie était en moi, comme la mienne en toi.

Il avait continué d'un ton morne, comme s'il tenait un colloque avec lui-même, comme si de grandes années de sens surgissaient et remplissaient les mots entrecoupés. Il se peut qu'il en ait été ainsi pour la jeune fille, car son visage s'approfondissait à mesure qu'elle écoutait. Pour la première fois depuis de longs jours , les larmes lui montèrent aux yeux et roulèrent entre ses doigts sans qu'on y prête attention.

"Je suis arrivé dans les rues ce soir, déconcerté par la vie, - un homme méchant qui aurait pu être noble, - toutes les années perdues qui s'étaient écoulées auparavant, - déçu, - sans rien d'autre à espérer que du temps pour travailler humblement et expier. les torts que j'avais commis. Quand j'étais là-bas, mon âme sur la côte de l'éternité, j'ai résolu d'expier tout acte égoïste. Je n'avais aucune pensée au bonheur ; Dieu sait que je n'en avais aucun espoir. Je vous avais fait le plus de tort : Je ne pouvais pas mourir avec ce tort non pardonné. »

« Impardonnable, Stephen ? elle sanglotait ; "Je l'ai pardonné il y a longtemps."

Il la regarda un instant, puis, avec quelque effort, étouffa le mot qu'il aurait prononcé, et poursuivit son amer aveu.

"Je suis arrivé dans cette ville bondée, un homme solitaire et sans abri, la veille de Noël, quand l'amour vient à tout homme. Si jamais j'étais devenu malade à cause d'un mot ou d'un contact de la seule âme à qui seule la mienne était ouverte, j'avais soif de " Alors, la meilleure partie de ma nature a été écrasée et jetée avec toi, Margret. J'ai pleuré pour cela, je voulais de l'aide pour devenir un homme meilleur et plus pur. J'en ai besoin maintenant. Et ainsi, " dit-il, avec un sourire qui la blessa plus que les larmes, "Je suis venu voir mon bon ange, pour lui dire que j'avais péché et que je me suis repenti, que j'avais fait d'humbles projets pour l'avenir, et je lui ai demandé... Dieu sait ce que je lui aurais demandé." alors ! Elle m'avait oublié , elle avait encore un travail à faire !

Elle se tordit les mains avec un cri impuissant. Holmes se dirigea vers la fenêtre : la morne couche de neige lui paraissait aussi désespérée et vague que sa propre vie.

"Je l'ai bien mérité", murmura-t-il pour lui-même. "Il est trop tard pour amender."

Un léger contact fit vibrer son bras.

« Est-ce trop tard, Stephen ? murmura une voix enfantine.

L'homme fort trembla en regardant la petite silhouette sombre qui se tenait près de lui.

"Nous avions tous les deux tort : j'ai été mensonger, égoïste. Plus que toi. Stephen, aide-moi à être une meilleure fille ; redevenons amis."

Elle revenait inconsciemment aux vieux mots de leurs querelles d'autrefois. Il recula.

"Ne te moque pas de moi," haleta-t-il. "Je souffre, Margret. Ne te moque pas de moi avec plus de courtoisie."

"Je ne le fais pas; redevenons amis."

Elle pleurait comme une enfant pénitente ; son visage était détourné ; l'amour, pur et profond, était dans ses yeux.

La lumière rouge du feu devenait plus forte ; l'horloge fit taire son tic-tac bruyant pour entendre l'histoire. La lèvre pâle de Holmes bougea : qu'est-ce que cela lui arrivait ? Sa poitrine se soulevait, une chaleur sèche haletait dans ses veines, ses yeux profonds brillaient de feu.

« Si ma petite amie vient à moi, dit-il d'une voix étouffée, il n'y a qu'une place pour elle, son âme avec mon âme, son cœur sur mon cœur. » — Il ouvrit les bras. — « Elle doit reposer sa tête ici. Ma petite amie doit être… ma femme.

Elle regarda le visage fort et hagard, et un sourire se dessina tout seul, arqué et débonnaire comme celui d'autrefois.

"Je suis fatiguée, Stephen", murmura-t-elle en posant doucement sa tête sur sa poitrine.

La lumière rouge du feu brillait dans une gloire cramoisie à travers la pièce, autour des deux personnages qui se tenaient là immobiles, — scintille en une ombre effrayée : qui y prêta attention ? La vieille horloge tournait furieusement, comme pour se réjouir de la fin des jours fatigants pour l'animal de compagnie et chéri de la maison : rien d'autre ne rompait le silence. Au dehors, la nuit profonde s'arrêtait, grise, impénétrable. Espérait-il que des voix angéliques lointaines briseraient son silence haletant, comme autrefois dans les champs de Judée, pour inaugurer le matin de Noël ? Un silence, dans l'air, sur la terre et dans le ciel, d'un espoir en attente, d'une joie promise. Là-bas, à la fenêtre de la ferme, deux cœurs humains avaient donné un nom à cette joie ; l'espoir a jailli; les cœurs qui se touchent battent dans un accord lent et plein d'amour aussi pur aux yeux de Dieu que le chant chanté par les anges, et aussi sûr qu'une promesse du Christ à venir. Pour toujours, même la mort ne les séparerait pas ; il le savait, la serrant plus près, la regardant en face.

Quel petit visage pâle c'était ! Dans la chaleur la plus intense de sa passion, la piqûre le toucha. Un certain instinct la fit lever vers lui un regard perspicace, voyant sur son visage la tristesse morbide qui était le péché de cet homme. Elle releva la tête de sa poitrine et, lorsqu'il se pencha pour toucher ses lèvres, elle se libéra en riant négligemment. Hélas, Stephen Holmes ! vous n'aurez que peu de temps pour des questionnements morbides dans les années à venir : son joyeux travail a commencé : finies les rêveries auto-dévorantes : vos pauses mêmes de contenu silencieux et d'amour seront rares et bien méritées. Plus de transes pour cette nuit, que demain apporte ce qu'il voudra.

"Vous ne semblez pas trouver votre moi le plus pur tout à fait parfait ?" » a-t-elle demandé. "Je pense que la peau pâle fait mal à ton œil artistique, ou les yeux gelés , qu'est- ce que c'est ?"

"Ils ont fondu en un feu brillant, — quelque chose me regarde à moitié cédant et à moitié provocant, — tu le sais, espèce d'enfant vaniteuse ! Mais, Margret, rien ne peut expier. "——

Il a arreté.

"Oui, arrête. C'est vrai, Stephen. Les remords deviennent larmoyants lorsqu'ils se traduisent en mots", riant à nouveau devant son regard étonné.

Il lui prit la main, une main rosée et saine, dont le seul contact signifiait action et vie.

"Et si je disais alors," dit-il avec sérieux, "que je ne trouve pas mon ange parfait, que ce soit la mienne ou la sienne ? L'enfant Margret, avec ses larmes soudaines, ses rires et ses colères, est partie, — Je l'ai tuée, je crois, disparue depuis longtemps. Je ne prendrai pas à sa place ce fantôme usé et pâle, qui porte des vêtements aussi froids que si elle revenait d'entre les morts, et se tient seul, comme le font les fantômes.

Elle se tenait un peu à l'écart, ses grands yeux bruns brillants de larmes. C'était une joie si étrange de se voir soignée, alors qu'elle se croyait vieille et dure : les plaisanteries les plus vaines lui rendaient sa jeunesse et son bonheur réels. Holmes l'a vu grâce à son tact vif. Il lança d'un air espiègle un châle cramoisi qui pendait autour de son cou blanc.

"Ma femme doit laisser sa vie s'éclairer dans des lueurs de couleur et de lumière : ses joues doivent laisser deviner une lueur intérieure, comme les vôtres maintenant. Je n'aurai pas d'angles durs, pas de pâleur, pas de souvenir incertain de douleur dans sa vie : ce sera un été perpétuel.

Il dénoua ses cheveux, et ils roulèrent autour du visage brillant et en larmes, brillant dans la lumière rouge du feu comme une brume d'or fauve.

"J'ai besoin de chaleur, de fraîcheur et de lumière : ma femme me les apportera. Elle ne sera pas une réformatrice volontaire, seule : une dame souveraine avec des paroles aimables pour le monde, qui ne donne la main qu'à cet homme en qui elle a confiance. , et garde son cœur et ses secrets pour moi seul."

Elle ne lui prêta attention que par une couleur qui s'accentuait ; l'horloge, cependant, se lassa de ce long monologue et sonna avec un avertissement asthmatique quant à l'heure de la nuit.

"Il est minuit", dit-elle. "Vous devez partir maintenant, Stephen Holmes, vite ! avant que votre souveraine dame ne disparaisse, comme Cendrillon, dans la grisaille et les yeux gelés !"

Quand il fut parti, elle s'agenouilla près de sa fenêtre, se souvenant de cette nuit lointaine , libre de sangloter et de pleurer de joie, très sûre que son Maître n'avait pas oublié d'entendre même la prière d'une femme et de lui donner sa véritable prière. travailler, bien sûr, pour ne plus jamais douter. Il y avait une silhouette sombre et robuste qui marchait de long en large sur la route, qu'elle ne voyait pas. Il était là quand la nuit était finie et que le matin commençait à se lever. Matin de noël! il s'en souvenait, c'était quelque chose pour lui maintenant ! Plus jamais un homme sans abri et solitaire ! On croirait cet homme faible, si je vous racontais comment ce mot « maison » s'était emparé de lui, comment il avait planifié son travail pendant une longue nuit : le succès à venir, mais avec sa femme la plus proche de son cœur, et la ferme accueillante et le vieux maître d'école au centre du tableau. Un si humble château dans les airs ! Le matin de Noël était sûrement quelque chose pour lui. Pourtant, à mesure que la nuit passait, il revenait sur les années perdues, avec une amertume inutile. Il ne voulait pas se détourner de la vérité selon laquelle, avec la force de son corps et de son cerveau pour commander le bonheur et la croissance, sa vie avait été un échec. Je pense que c'est pour la première fois cette nuit-là que l'histoire du Nazaréen méprisé lui est venue avec un nouveau sens : celui qui est venu rassembler ces fragments de vies brisées et les sauver avec les siennes. Mais vaguement cependant : le jour de Noël était encore pour lui le jour où l'amour venait au monde. Il en connaissait le sens. Il regarda donc avec une impatience nouvelle pour lui le lever du jour. Il pouvait voir la fenêtre de Margret, et une faible lumière à l'intérieur : elle serait réveillée, priant pour lui, sans aucun doute. Il réfléchit à cela. Pensez-vous que Holmes soit faible, s'il abandonnait un jour la foi de Fichte, dirigé par une main de femme ? Pensez à l'apôtre des philosophes positifs et n'en dites pas davantage. Il apercevait une lumière vacillante à l'aube traverser le hall : il se souvenait bien de l'habitude du vieux maître d'école, criant « Joyeux Noël » à chaque porte : il avait l'intention d'y descendre pour le petit déjeuner, comme il le faisait autrefois, en imaginant comment le Le vieil homme se tordait les mains en disant : « Holloa ! tu es le bienvenu à la maison, Stephen, mon garçon ! et Mme Howth sortait les pots de confiture d'ananas que sa sœur lui envoyait chaque année des Antilles. Et puis... Peu importe quoi alors. Stephen Holmes était très amoureux, et ce jour de Noël avait beaucoup à lui apporter. Pourtant, c'est avec une ombre solennelle sur le visage qu'il observait l'aube, montrant qu'il avait saisi le sens terrible de ce jour qui « a apporté l'amour au monde ». À travers la nuit claire et glaciale, il pouvait entendre un carillon sourd de cloches lointaines faire frissonner l'air, se précipitant faiblement et loin pour annoncer la bonne nouvelle. Il imaginait que l'aube était chaude pour entendre cette histoire, que la terre elle-même devrait se réjouir dans ses profondeurs gelées, si c'était vrai. Si c'était vrai ! — si cette passion dans son cœur n'était qu'une partie d'une puissance qui embrasse tout, dans les profondeurs claires de laquelle le monde luttait en vain ! — s'il était vrai que ce Christ était venu pour nous faire comprendre cet amour ! Il y aurait alors un certain sens à la joie du vieux maître d'école, aux cloches qui réveillaient la ville là-bas, au bonheur même de la pauvre Lois en ce jour, car ce serait, il le savait, un jour trois fois heureux pour elle. Étrange histoire que celle de l'Enfant venant au monde, — simple ! Il y pensait, observant, à travers ses yeux gris et froids, comment toute la fraîcheur du matin le lui disait : c'était dans l'air même ; en pensant comment son écho s'est propagé à travers le monde entier, combien les voix d'enfants innombrables l'ont raconté dans des rires enthousiastes, comment même l'esclave le plus bas a souri à demi, en se réveillant, en pensant que c'était le jour de Noël, le jour de la naissance du Christ. Il pouvait entendre depuis l'église sur la colline qu'ils chantaient à nouveau le vieux chant des anges. Est-ce que cela lui importait ? Ne se souciait-il pas, avec le nouveau battement de son cœur, de savoir qui était né ce jour-là ? Il n'y a aucun sourire sur son visage lorsqu'il écoute les paroles : « Gloire à Dieu au plus haut des cieux, et paix sur la terre, bonne volonté envers les hommes » ; il se courbe plus bas, plus bas seulement. Mais dans ses yeux illuminés par l'âme, il y a des larmes chaudes et sur son visage usé une joie triste et solennelle.

CHAPITRE XI.

Je vais terminer mon histoire maintenant. Il y a des phases plus vives dans la vie banale de ces hommes et de ces femmes, je n'en doute pas : l'amour, aussi poignant que la douleur dans sa joie ; le crime, faible, immonde et insensé, comme tout crime ; des sacrifices silencieux : mais je vous les laisse peindre ; vous trouverez suffisamment de couleurs dans votre propre maison et votre cœur.

Quant au jour de Noël, ni vous ni moi n'avons besoin d'essayer de rendre justice à ce thème : comment le vieux maître d'école se déplaçait, agité, son visage maigre tout brûlant d'enthousiasme et marmonnant : « Que Dieu bénisse mon âme ! récupéré de la joie soudaine de retrouver son ancien élève qui l'attendait en descendant le matin ; comment il avait insisté pour être dirigé par lui et par personne d'autre, toute la journée, et avant qu'une demi-heure n'ait confié, sous des serments solennels de secret, le grand projet du livre sur Bertrand de Born ; avec quelle facilité Mme Howth trouvait même son sang hospitalier de Virginie dans une lueur devant l'invité inattendu du petit déjeuner, — s'installant dans un plaisir plus confiant à mesure que le dîner approchait, pour lequel le succès était plus sûr ; comme il faisait froid dehors ; comment Joël a allumé de grands feux et est parti faire une course mystérieuse, ayant « d'autres corvées à faire que de ne rien faire et de s'embêter » ; comment la journée atteignait un point culminant de perfection à l'heure du dîner, dans l'esprit de Mme Howth, la dinde étant cuite d'une couleur brune délicieuse, le pudding aux prunes frémissant comme une gelée succulente (un dîner chrétien aujourd'hui, si nous affamons le le reste de l'année !). Même le docteur Knowles, qui avait apporté un superbe bouquet au maître d'école, était d'une bonne humeur inhabituelle ; et M. Holmes, dont elle avait un peu peur, appréciait tout cela avec tant d'enthousiasme et était si attentif à tous, à l'exception de Margret. Ils ne se parlaient presque pas de la journée ; cela inquiétait beaucoup la vieille dame ; en effet, elle a bien grondé la fille à ce sujet dans le garde-manger, jusqu'à ce qu'elle soit prête à pleurer. Pourtant, elle avait regardé ainsi toute la journée.

Knowles fut assez profondément blessé en voyant Holmes et soupçonna le pire, malgré toute sa bonne humeur . C'était une amère déception d'abandonner la fille ; car, outre son grand travail, il l'aimait d'une manière grossière et détestait Holmes. Il l'a rencontrée seule le matin ; mais quand il vit combien elle pâlissait, s'attendant à son éclat, et comment elle jetait un coup d'œil timide vers la pièce où se trouvait Stephen, il céda. Quelque chose dans son œil brun et humide rappelait peut-être un rêve oublié de son enfance ; car il soupira brusquement et ne jura pas comme il le voulait. Tout ce qu'il disait, c'était que « les femmes resteraient des femmes, et qu'elle avait un travail pire que celui de la Maison du Refuge », ce qu'elle attribuait à sa mauvaise humeur, et se contentait de rire et de le faire rire. serrer la main.

Lois et son père sont sortis dans la vieille charrette en bon état à travers les collines sombres et enneigées, tout illuminés par tout ce qu'ils avaient vu dans les fermes sur la route. Margret avait arrangé une installation pour la jeune malade près du feu de la cuisine, mais ils sortirent tous pour lui parler.

Quant au dîner, c'était l'essence de tous les dîners de Noël : Dickens lui-même, le prêtre du jour génial, aurait été content. Le vieux maître d'école et sa femme avaient le cœur assez grand et assez chaleureux pour faire les honneurs perpétuels d'un château baronnial ; ainsi vous savez peut-être à quel point la petite pièce et les visages autour de la table chaleureuse brillaient et s'éclairaient. Même Knowles commença à penser que Holmes n'était peut-être pas si mauvais, après tout, en se rappelant le poulet dans le moulin, et... "Eh bien, il valait mieux avoir une bonne opinion de tous les hommes, pauvres diables !"

Je suis désolé de dire qu'il y a eu un bref orage au beau milieu du dîner. Knowles et M. Howth, dans leur souci de s'éloigner des anciens sujets de dispute, se tournèrent, avec surprise, vers la politique moderne, et bien sûr il y eut une terrible collision, qui coupa le souffle à Mme Howth : tout se termina en un rien de temps. minute, cependant, et il était difficile de dire lequel était le plus repentant. Knowles, comme vous le savez, était un disciple de Garrison, et le vieux maître d'école était un homme des droits de l'État, comme vous pouvez le supposer d'après ses antécédents, soupçonné, en fait, d'avoir contribué à la « DeBow's Review ». Autant dire toute la vérité et reconnaître qu'à l'heure où j'écris ces lignes, le vieux monsieur est le sécessionniste le plus en vogue que je connaisse. Si cela fait mal au type, écrivez-le comme un vice de sang, ô imprimeurs de la Nouvelle-Angleterre !

Le dîner, peut-être, fut ensuite plus frais et plus copieux. Puis Knowles est retourné en ville ; et au milieu de l'après-midi, alors que le crépuscule tombait, Lois commença, sachant combien de personnes viendraient dans sa petite cabane le soir pour lui souhaiter un joyeux Noël, même si c'était fini. Ils ont empilé des articles de confort et des couvertures dans le chariot, et elle s'est allongée dessus tout confortablement, son visage d'enfant balafré sortant d'une grande capuche en laine que Mme Howth lui avait offerte. Le vieux Yare tenait Barney, son chapeau à la main, comme s'il méritait d'être pendu, mais très fier de la gentillesse qu'ils montraient tous à sa fille. Holmes lui a donné de l'argent pour un cadeau de Noël, et il l'a pris avec assez d'empressement. Pour une raison inexprimée, ils restèrent longtemps dans la neige pour dire au revoir à Lois ; et pour la même raison, peut-être, elle répugnait à y aller, regardant chacun avec sérieux tandis qu'elle riait et devenait rouge et pâle en leur répondant, embrassant la main de Mme Howth lorsqu'elle la lui donnait. Quand la charrette partit, elle les regarda rester là jusqu'à ce qu'elle soit hors de vue, et agita son morceau de mouchoir ; et quand la route descendit la colline, elle s'allongea et pleura doucement.

Maintenant qu'ils étaient seuls, ils se rassemblèrent près du feu, tandis que le jour dehors devenait gris et plus froid, Margret à son ancienne place près des genoux de son père. Un vague instinct avait troublé le vieil homme toute la journée ; C'était le cas maintenant : chaque fois que Margret parlait, il écoutait avec impatience, et oubliait parfois de répondre, tellement il était perdu dans ses pensées. Enfin , il lui posa la main sur la tête et murmura : « Qu'a ma petite fille ? Et puis sa petite fille sanglotait et pleurait, comme elle avait été prête à le faire toute la journée, et baisa sa main tremblante, et alla se cacher sur le cou de sa mère, et laissa Stephen dire tout pour elle. Et je pense que toi et moi ferions mieux de partir.

Il faisait très sombre avant qu'ils aient fini de parler, très sombre ; le feu de bois s'était carbonisé en un grand lit cramoisi ; le thé resta debout jusqu'à ce qu'il refroidisse et personne ne le but.

Le vieil homme se leva enfin et Holmes le conduisit à la bibliothèque, où il fumait tous les soirs. Il tint longtemps Maggie, comme il l'appelait, dans ses bras et serra la main de Holmes. « Que Dieu vous bénisse, Stephen ! » dit- il , c'est pour moi un très joyeux jour de Noël. Et pourtant, assis seul, les larmes coulaient sur son visage ridé tandis qu'il fumait ; et quand sa pipe s'éteignit, il ne s'en rendit pas compte, mais restait immobile. Mme Howth, assez déconcertée par le choc, monta à l'étage et y resta longtemps. Lorsqu'elle descendit, les yeux bleus de la vieille dame étaient plus tendres, si cela était possible, et son visage très pâle. Elle entra dans la bibliothèque et demanda à son mari si elle n'avait pas prophétisé cela il y a deux ans, et il répondit que oui, et après un moment, elle lui demanda si elle se souvenait de la soirée barbecue chez le juge Clapp il y a trente ans. Elle rougit à cela, puis s'approcha et l'embrassa. Elle avait entendu le cheval de Joël claquer jusqu'à la porte de la cuisine, alors elle en avait décidé de sortir et de le gronder. Dans les circonstances, ce serait un soulagement.

Si les nerfs de Mme Howth avaient été faibles, elle aurait pu supposer que ce serviteur né libre était pris d'une soudaine folie, à la vue qui la rencontra, entrant dans la cuisine. Son dîner, posé sur le buffet, fut jeté avec mépris sur les cendres ; un horrible nuage de graisse brûlante s'échappait d'un pot de pinte sale posé sur la table, et avant cela, Joël gambadait et reniflait comme un Hottentot roux devant son fétiche, enfonçant de temps en temps ses doigts dans la substance nauséabonde et la reniflant comme s'il s'agissait d'une chose nauséabonde. c'étaient des roses. Il était membre d'une église : il ne pouvait PAS être ivre ? A sa vue, il essayait de retrouver la dignité austère qui lui était habituelle lorsqu'il s'agissait de femmes, mais se laissait parfois aller à un rire qui gâchait l'effet.

"Où étiez-vous," demanda-t-elle sévèrement, "parcourant le pays comme un païen en ce jour béni ? Et qu'est-ce que vous avez brûlé ? Vous déshonorez la maison et les étrangers qui y habitent."

humeur de Joël était à l'épreuve même de cela.

"J'ai fouillé dans un but précis, alors. Ne le dites pas au maître : cela lui embrouillerait la cervelle ce soir. Attendez jusqu'à demain . Squire More sera lui-même déprimé pour vous expliquer ."

Il passa ses doigts graisseux dans ses cheveux, tandis que les yeux de Mme Howth étaient fixés dans une muette perplexité.

"Vous voyez," - lentement, déterminé à lui faire comprendre clairement maintenant et pour toujours, - " c'est de l'eau : non, ce n'est pas de l' eau : cela m'a troublé, ainsi que Mester Howth, à un moment donné à Poke Run, au sommet de l'eau. J'ai gardé mes soupçons, lui aussi ; restez discret, cependant, parmi toutes les femmes. Alors j'ai apporté une bouteille, à mon insu, à Squire More, et c'est de l'huile ! un Indien sauvage , — "Dieu merci pour ses marcis , c'est de l'huile !"

"Eh bien, Joël," dit-elle calmement, "c'est une odeur d'huile très désagréable, je dois dire."

"Bien, sauve la femme!" » s'écria-t-il, à voix basse, « elle est née naturelle ! N'avez-vous jamais entendu parler d'un puits ? ou de millions de gallons par jour ? Ce n'est mieux ni un ranch californien, je vous le dis . tu sais que Poke Run est celui du maître ?"

"Oui, certainement. Mais je ne vois pas ce que représente pour moi cette eau verte du fossé. Et je pense, Joël,"———

"C'est plus pour vous, ni pour tous vos droits d'État, comme j'en ai marre d' en entendre parler . Ce sont des tapis, et des lapins , et des glissades de matériel ferroviaire, et un peu de couleur sur les joues de Margot , - vous 'ed Je ferais mieux d'y penser ! C'est ce que c'est pour vous ! Je vais faire le point moi-même. Je suis heureux que Gell se repose dans ses moulins et dans ses maisons du diable, - elle a du courage et de la fourrure. une douzaine de femmes. »

Il continuait à marmonner, tout en rassemblant sa pinte et sa bouteille :

"Je vais bientôt envoyer mon Tim à l'université, dès que tout est en ordre . Seigneur ! Quel avocat ce garçon fera !"

Le cerveau de Mme Howth était encore confus.

"Vous êtes plus heureux que vous ne l'étiez de l'élection de Lincoln", observa-t-elle placidement.

« Maudit soit Lincoln ! » s'écria-t-il, oubliant les enseignements de M. Clinche . "Maintenant, Mem, n'embrouille pas le cerveau du maître ce soir , dis-je. Je vais m'expérimenter un peu."

Ce qu'il fit en conséquence, s'enfermant dans le fumoir et brûlant l'enceinte avec diverses appliques et torches bien éveillées, livrant toute la nuit à ses orgies diaboliques.

Mme Howth ne l'a pas dit au maître ; pour une raison : il fallut longtemps pour qu'une idée aussi prodigieuse pénètre dans le cerveau de la bonne dame ; et d'autre part : son cœur maternel fut touché par une autre histoire que cette lampe d'Aladdin de Joël dans laquelle brûlait du pétrole. Elle regarda depuis sa fenêtre jusqu'à ce qu'elle aperçoive Holmes traverser la route verglacée : il y avait un peu d'amertume, je l'avoue, à la pensée qu'il lui avait enlevé son enfant ; mais la prière qui s'élevait pour eux deux emportait avec elle tout son cœur de femme.

La route était cahoteuse à travers les collines ; le vent qui frappait le visage de Holmes était mordant : peut-être que la vie à venir pour lui serait une lutte aussi froide, ayant non seulement la pauvreté à vaincre, mais aussi lui-même. Mais c'est un homme fort : aucun plus fort ne pose le pied d'un pas calme et résolu ; et ce soir, il y a sur ses lèvres un frisson qui ne s'y est jamais arrêté auparavant, un baiser rosé et chaud. Quelque chose, une nouvelle croyance aussi, remue dans son cœur, comme un atome subtil de feu pur, qu'il serre étroitement dans ses bras, le sien pour toujours. Ni la pauvreté ni la mort ne le chasseront jamais. Peut-être qu'il divertit un ange sans le savoir.

Après cette nuit, Lois n'a plus jamais quitté sa petite cabane. Les jours qui suivirent furent comme un long Noël ; car ses pauvres voisins, noirs et blancs, avaient un complot entre eux et travaillaient avec zèle pour qu'ils lui paraissent tels. Il était facile de rendre heureux ces derniers jours pour la petite âme simple qui avait toujours rassemblé chaque fragment de plaisir dans sa vie sans particularités, en avait fait grand cas et s'en était réjouie. Elle devenait parfois déconcertée, allongée sur son banc de bois près du feu ; Les gens qui la dirigeaient ont toujours été amicaux, ont pris soin d'elle, mais maintenant ils étaient pleins de gentillesse, comme si le temps était compté. Au début, elle n'en comprit pas la raison ; elle ne voulait pas mourir : mais si cela lui faisait mal, quand cela devint clair, personne ne le savait ; ce n'était pas sa façon de parler de douleur. Seulement, à mesure qu'elle s'affaiblissait de jour en jour, elle commençait à mettre de l'ordre dans sa maison, pour ainsi dire, d'une manière surannée, presque comique, en donnant tout ce qu'elle possédait, jusqu'à ses trésors de bouteilles colorées et de livres d'aiguilles. , raccommodant les vêtements de son père et les disposant dans ses tiroirs ; enfin, elle faisait amener Barney de la campagne, et chaque jour elle se glissait jusqu'à la fenêtre pour le voir manger et gazouillait, tandis que la pauvre vieille bête levait les yeux avec son œil sombre et essayait de hennir une faible réponse. Kitts avait l'habitude de venir la voir tous les jours, même s'il ne lui disait jamais grand-chose lorsqu'il était là : il emporta un jour avec lui son grand exemplaire de la Vénus del Pardo et le laissa, pensant qu'elle aimerait le regarder ; Knowles a qualifié cela de déchet quand il est venu. Le Docteur venait toujours le matin ; il lui dit qu'il lui ferait la lecture un jour, et il le faisait toujours par la suite, mettant ses lunettes à cornes et tenant sa vieille Bible près de son visage rude et anxieux. Il lisait la plupart du temps l'Évangile de saint Jean. Elle aimait mieux l'entendre que tous les autres, même que Margret, dont la voix était si basse et si tendre : quelque chose dans la nature à moitié sauvage de l'homme ressemblait à celle de l'enfant.

À mesure que le jour de son départ approchait, chaque bagatelle agréable semblait prendre une signification plus profonde et solennelle. Jenny Balls est arrivée une nuit, et la vieille Mme Polston ...

"Nous avons pensé que vous aimeriez voir sa robe de mariée , Lois," dit la vieille femme en ôtant le manteau de Jenny, " étant donné que le mariage devait avoir lieu demain et qu'il avait été reporté." de toi."

Lois aimait le voir ; s'assit, le visage assez rouge pour voir à quel point il lui allait bien, et caressa les doux cheveux de Jenny sous le voile. Et Jenny, étant une petite chose chaleureuse, se mit à sangloter, disant que cela gâchait tout le départ de Lois.

N'arrachez pas votre voile, mon enfant", dit Mme Polston .

Mais Jenny a continué à pleurer, cachant son visage dans la main maigre de Lois, jusqu'à ce que Sam Polston entre, quand elle est devenue calme et timide. La pauvre fille difforme les regardait pendant qu'ils parlaient. Jenny était très jolie, avec ses yeux bleus et ses joues roses et humides ; et c'était un amour viril et grave sur le visage de Sam, quand il se tourna vers elle. Un amour différent de tous ceux qu'elle avait connus : mieux, pensa-t-elle. On n'y pouvait rien ; mais c'était mieux.

Après leur départ, elle resta longtemps silencieuse, la main sur les yeux. Pardonne-lui ! elle aussi était une femme. Ah, il se peut qu'il y ait plus de torts qui seront réparés là-bas dans Demain qu'il n'en est prévu dans votre théologie !

Et c'est ainsi qu'à mesure qu'elle se rapprochait de ce Demain, le cerveau de la jeune fille devenait plus clair, luttant, semble-t-il, pour se débarrasser du poids que lui avait imposé le sang, le vice ou la pauvreté, et redevenir lui-même. Peut-être que, même dans sa vie joyeuse et patiente, il y avait eu des heures où elle avait connu les torts qui lui avaient été causés, avec quelle cruauté le monde l'avait contrariée ; sa perspicacité dans tout ce qui était beau ou utile lui a peut-être fait voir plus amèrement son propre malheur, le vide qu'elle avait laissé dans la vie. Elle ne le voyait pas avec amertume maintenant. La mort est honnête ; tout lui devenait clair, en descendant dans la vallée de l'ombre ; ainsi, s'éveillant à la conscience des pouvoirs étouffés et du bonheur non donné, elle comprit que la faute n'était pas la sienne, ni celle qui lui avait assigné le sort ; Il l'avait aidée à le supporter, et à supporter lui-même le pire. Elle n'a pas dit une seule fois : « J'aurais pu l'être », mais jour après jour, plus sûrement : « Je le serai ». Il n'y avait pas une larme sur les visages simples qui se détournaient de son lit, pas une teinte de couleur dans les fleurs qu'on lui apportait, pas un frisson de lumière dans le ciel cendré qui ne la rendît plus sûre de ce qui allait arriver. Elle devenait plus aimante à mesure qu'elle s'éloignait d'eux, le contact de sa main plus pitoyable, sa voix plus tendre, si cela pouvait être, — avec un regard dans les yeux jamais vu là auparavant. Le vieux Yare l'a fait remarquer un jour à Mme Polston .

« Ma fille est loin de nous, dit-il en sanglotant dans la cuisine, ma fille est loin maintenant.

C'est la dernière nuit de l'année qu'elle est décédée. Elle allait tellement mieux qu'ils étaient tous plutôt joyeux. Kitts s'éloigna alors qu'il faisait sombre, et elle lui ordonna de se serrer la gorge avec un dogmatisme si maternel qu'ils se moquèrent tous d'elle ; elle aussi, avec les autres.

« Je vais vous passer une visite pour le Nouvel An », dit-il en sortant ; et elle cria qu'elle devait être sûre de l'attendre.

Elle semblait si forte que Holmes, Mme Polston et Margret, qui étaient là, rentraient chez eux ; en plus, le vieux Yare a dit : « J'aimerais m'occuper de ma fille seule ce soir, ef "Tu me l'as laissé faire", car ils ne lui avaient pas fait confiance auparavant. Mais Lois leur a demandé de ne pas y aller avant la fin de la vieille année; alors ils ont attendu en bas.

Le vieil homme s'endormit et il était près de minuit lorsqu'il se réveilla avec un contact froid sur la main.

"C'est arrivé, père !"

Il sursauta en criant, regardant le nouveau sourire dans ses yeux, étrangement immobiles.

"Appelle-les tous, vite, père !"

Quel que soit le mystère de la mort qui la rencontrait maintenant, son cœur s'accrochait au vieil amour qui lui était resté si longtemps.

Il n'a pas bougé.

"Laisse-moi hev ouais pour moi-même, Lo, c'est le dernier ; yoh, c'est tout ce que j'ai ; laisse moi hev ouais , c'est le dernier."

Ce fut une amère déception, mais elle se réveilla quand même pour sourire et lui dire oui, gaiement. Vous appelez ça une bagatelle, rien ? C'est possible; pourtant je pense que les anges qui regardaient en bas avaient les larmes aux yeux lorsqu'ils virent la dernière épreuve du cœur désintéressé et solitaire, et réservèrent pour elle une couronne différente de celle de celui qui conquiert une ville.

La lueur du feu devint plus chaude et plus rouge ; ses yeux le suivirent, comme si tout ce qui avait été brillant et bon dans sa vie y revenait. Elle posa la main sur son père, essayant en vain de lisser ses cheveux gris. Le cœur du vieillard le serra pour quelque chose, car ses sanglots devinrent plus forts, et il la quitta un instant ; puis elle les vit tous, des visages qui lui étaient encore très chers. Elle rit et leur fit un signe de tête à la manière d'un enfant ; puis ses lèvres remuèrent. "C'est arrivé!" essaya-t-elle de dire ; mais la voix faible ne parlerait plus jamais sur terre.

«C'est le tour de la nuit», dit solennellement Mme Polston ; "lève la tête; la vieille année ' s'en va '."

Margret leva la tête et la tint contre sa poitrine. Elle entendait des cris et des sanglots ; les visages, blancs maintenant et mouillés, se rapprochaient, mais s'effaçaient lentement : c'était la vieille année qui s'éteignait, l'année épuisée de sa vie. Holmes ouvrit la fenêtre : le vent froid de la nuit entra, emportant avec lui des bribes d'harmonie brisée : un musicien oisif dans la ville, jouant des fragments d'un vieux air doux, lourd d'amour et de regret. C'était peut-être le hasard : cependant, pensons que ce n'était pas le hasard ; croyons que Lui, qui avait rendu le monde chaud et heureux pour elle, a choisi que cette meilleure voix de toutes lui dise enfin au revoir.

Ainsi, la Vieille Année s'est déroulée dans cette musique. Les yeux ternes, amoureux jusqu'au bout, erraient vaguement tandis que les sons s'éteignaient, comme s'ils perdaient quelque chose, — tout perdant, tout d'un coup. Elle soupira lorsque l'horloge sonna, puis un calme étrange, inconnu auparavant, envahit son visage ; ses yeux s'ouvrirent avec une joie vivante. Margret se baissa pour les fermer, embrassant les paupières froides ; et Tigre, qui avait grimpé sur le lit, gémit et descendit en rampant.

"C'est le Nouvel An", dit Holmes en baissant la tête.

L'infirme était mort ; mais LOIS, libre, aimante et bien-aimée, tremblait de sa prison aux côtés de son Maître dans le Demain.

Je peux vous montrer sa tombe là-bas, dans les collines, une tombe courte et rabougrie, comme celle d'un enfant. Personne n'y va, bien qu'il y ait de nombreux foyers où l'on parle doucement de « Lois », comme de quelque chose de sacré et de cher : mais ils pensent toujours qu'elle n'est pas là ; comme rentré chez lui; même le vieux Yare lève les yeux lorsqu'il parle de « ma fille ». Pourtant, sachant que rien dans l'univers juste de Dieu n'est perdu, ni ne manque de répondre à l'accomplissement tardif de son espérance, j'aime penser à son pauvre corps étendu là : j'aime croire que la grande mère était heureuse de recevoir la forme qu'elle voulait. et le crime des hommes avait été contrecarré, — elle ramena chez elle son enfant grossier, qui avait été si cruellement lésé, — l'enveloppa dans son sein chaud avec un amour tendre et palpitant.

Cela me plaisait pendant les mois d'hiver de penser que les membres usés, le vieux visage cicatrisé de Lois se reposaient, dormaient : effondrés en atomes frais, se réveillaient enfin avec une étrange sensibilité, et, quand Dieu souriait de permission à travers le soleil d'été, » éclata dans une extase sauvage de la vraie beauté qu'elle aimait si bien. En aucun questionnement, triste pâleur de feuilles sombres ou de lichens gris : palpitait plutôt en répondant aux pourpres, en lys, blancs, exultant d'une vie accordante !

Mais plus encore : je m'efforce de tâtonner, avec un sens terne et terrestre, sa vie libérée dans cette terre sérieuse où les âmes oublient d'avoir faim ou d'espérer et apprennent à être. Et en pensant ainsi , la certitude de son but, de son travail et de son amour là-bas s'accompagne d'une nouvelle réalité vitale, à côté de laquelle l'histoire des hommes et des femmes encore vivants dont je vous ai parlé devient vague et incomplète, comme des énigmes indevinées. Je n'ai pas de clé pour les résoudre , ni le droit de les résoudre.

Mon histoire n'est qu'un simple indice tâtonnant ? Il lui manque une vérité déterminée, un certain oui et un certain non ? Il n'est traversé par aucun canal de la justice de Dieu, récompensant le bien et le mal apparents ? Je sais : c'est une histoire d'Aujourd'hui. La vieille année est déjà à nos portes. Le pauvre vieux Knowles vous dira que c'est un jour sombre ; déconcerté par l'échec inexplicable de la cause pour laquelle son vieux sang coulait comme de l'eau ce matin maussade à Ball's Bluff. Il doute de tout dans l'amertume d'un effort inutile ; il doute parfois, même si le drapeau même pour lequel il combat, n'est pas le symbole d'un gigantesque égoïsme : si le Mal il appelle son ennemi, il n'a pas saisi une certaine vérité pour lui donner de la force. Un jour sombre, il vous dit : que l'air est rempli du cri de l'esclave et des nations descendant dans les ténèbres, leur message inédit, leur œuvre défaite ; que maintenant, comme il y a dix-huit siècles, le Secours n'est pas le bienvenu dans le monde. monde; que votre propre cœur, ainsi que la grande humanité, demandent une justice non rendue. Est-ce qu'il expose tous les problèmes d'Aujourd'hui ? Vandyke, se tenant plus haut peut-être, ou, en tout cas, né avec un cerveau plus plein d'espoir , vous montrerait comment, à l'instant même du péril de l'heure, apparaît plus clairement la prophétie éternelle du contentement à venir : il pourrait vous dire que l'inquiétant la terre et le ciel, qui ne répond pas , en sont conscients : que la prière non exaucée de votre propre vie vous l'apprenne : que dans ce livre dans lequel Dieu n'a pas dédaigné d'écrire l'histoire de l'Amérique, il trouve la tranquille certitude que le sauvetage de le monde est proche.

Holmes, comme la plupart des hommes qui font le destin, ne s'arrête pas dans son travail lent et calme pour leur prophétie ou leurs lamentations. « De tels hommes façonneront l' époque », dit tristement le vieux Knowles, car il n'aime pas Holmes : il le suit à contrecœur, même s'il le connaît plus près de la vérité que lui. "Nés pour la maîtrise, comme je vous l'ai dit il y a longtemps : ils frappent le coup, pendant que.... J'en ai marre des théoriciens, des représentants de la droite abstraite : vos Hamlets et vos Sewards , qui laissent échapper l'occasion jusqu'aux circonstances ou... la foule dérivez-les comme ils veulent.

Mais les grognements de Knowles restent ignorés, comme d'habitude.

Qu'est-ce que c'est aujourd'hui pour Margret ? Elle n'a aucune perspicacité prophétique, ne se soucie de personne, j'en ai peur : les choses communes de tous les jours lui montrent leurs vieux visages, chers et réels. Sa hâte est trop pressée d'apaiser la douleur qui l'entoure, le contact de son mari trop fort et trop tendre, le Maître à côté d'elle est une présence trop réelle pour qu'elle gaspille sa vie en visions. Quelque chose de la sympathie vivante et universelle de Lois est entré dans sa nature étroite et plus intense ; à travers son amour unique, c'est peut-être le cas. Qu'est-ce que Demain jusqu'à ce qu'il vienne ? En ce moment, l'air du soir vibre d'une pourpre dont aucun peintre n'a encore saisi la teinte, aucun poète le sens ; aucun visage silencieux ne la croise dans la rue où une voix humaine n'aurait pas le charme d'appeler l'amour et le pouvoir : l'Assistante attend encore près d'elle. Voici le travail, la vie : la vieille année que vous méprisez recèle de beauté, de douleur, de contenu encore incontrôlé : laissons Margret les maîtriser.

Cela ne vous satisfait pas ? Les âmes d'enfants, me dites-vous, comme celle de Lois, trouveront peut-être suffisant de ne pas avoir de passé ni d'avenir, d'accepter l'œuvre de chaque instant et de penser qu'il n'y a rien de mal à boire chaque goutte de sa beauté et de sa joie : nous, qui sont plus sages, moquez-vous d'eux. C'est peut-être le cas : pourtant je vous le dis, leurs anges seuls voient toujours le visage de notre Père au cours de la nouvelle année.